经典 历史

中国二十四朝
工业、手工业发展大记事

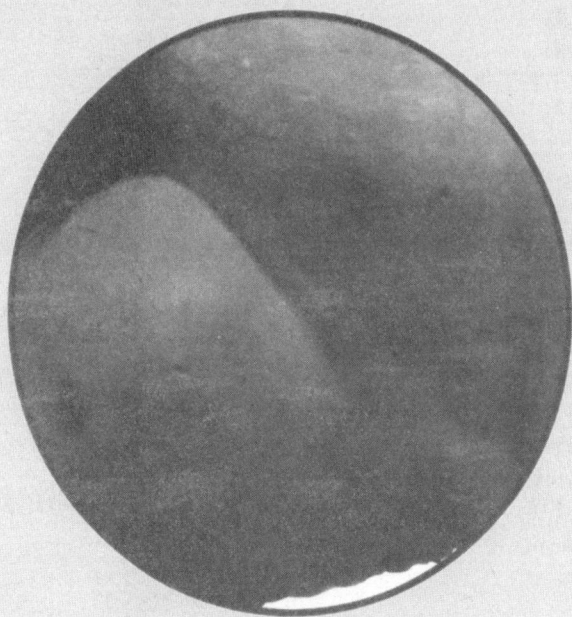

李默 / 主编

广东旅游出版社
GUANGDONG TRAVEL & TOURISM PRESS
悦读书 · 悦旅行 · 悦享人生

中国 · 广州

图书在版编目（CIP）数据

中国二十四朝工业、手工业发展大记事 / 李默主编 .
— 广州：广东旅游出版社，2013.10（2024.11 重印）
ISBN 978-7-80766-652-3

Ⅰ . ①中… Ⅱ . ①李… Ⅲ . ①工业史－大事记－中国
－古代②手工业史－大事记－中国－古代 Ⅳ .

中国版本图书馆 CIP 数据核字 (2013) 第 221445 号
① F429.02 ② F426.899

出 版 人：刘志松
总 策 划：李　默
责任编辑：何　阳
装帧设计：盛世书香工作室　腾飞文化
责任校对：李瑞苑
责任技编：冼志良

中国二十四朝工业、手工业发展大记事
ZHONG GUO ER SI SI CHAO GONG YE、SHOU GONG YE FA ZHAN DA JI SHI

广东旅游出版社出版发行
（广东省广州市荔湾区沙面北街 71 号首、二层）
邮编：510130
电话：020-87347732（总编室）020-87348887（销售热线）
投稿邮箱：2026542779@qq.com
印刷：三河市嵩川印刷有限公司
　　　（河北省廊坊市三河市杨庄镇肖庄子村）
开本：650×920mm　16 开
字数：105 千字
印张：10
版次：2013 年 10 月第 1 版
印次：2024 年 11 月第 3 次印刷
定价：45.80 元

　　《经典历史》是一部全景式图文并茂记录中国文明历史的大书。出版者穷数年之力，会集各方力量——专家、学者、编辑、学术顾问们，在浩如烟海的历史档案、资料、著作中，探珍问宝，追寻中华文明在悠悠历史长河中的灿烂之光。此书的出版，凝聚了编撰者的心血，学术顾问们的智慧。尤其是李学勤先生，亲自动笔写下了序言，更增加了本书沉甸甸的分量。

　　中华文明的历史充满了辉煌与苦难，成就和挫折。它的历史无处不在，决定着我们中国人今天的思想和感情。当今的中国和中国人是中华文明的历史造就的，是中华文明的历史的延伸，也是它的一个组成部分，中华文明的历史之河奔流到现在。

　　中华文明是人类历史上最伟大的文明之一，是人类文明发展的主要构成。中华文明丰富、深刻、辉煌、博大，在人类文明中的骨干作用和领导作用人所共知。在人类文明的发源时期，中国就是四大古国之一，是地球上文化的策源地之一。在人类文明的早期，中华文明成为文明在东方的支柱，前后200年间，人类的汉帝国与罗马帝国这两只铁手攫住了地球。在欧洲进入中世纪的时候，中华文明更成为人类文明最主要的领导，它的文明统治东亚，传遍世界。进入近代，中华文明处于自身的重压和西方的欺凌下，但中国人民的斗争史和奋起精神是人类文明历史中不可缺少的一页。

　　五千年的中华文明为人类贡献出了从思想家孔子到科学技术的四大发明，从唐诗宋词到长城运河的伟大创造；贡献出了从诸子百家到宋明理学，从商周铜器到明清文学的深刻内涵；也贡献出了从五霸七强到三国纷争、从文景之治到十大武功的辉煌历史。中华文明的历史绚烂多彩，在人类文明的历史长河中永放光芒。

　　中华文明也是人类历史上最独特的文明，没有哪一个文明像中华文明这样持久，这样统一一致。世界上其他文明不但互相交错，其创造者也都与高加索人种有关，它们是姐妹文明。在人类历史中，只有中华文明才是独特的，它的创造者是中国土地上的中国人民，与其他任何地方的人民都没有关系，它的文化是统一一致的文化，可以不依赖于其他任何文明而生存，但中华文明也绝不是封闭的，它接受他人的文化，也承担自己对于人类的责任。

　　人类进入新世纪，中国的社会经济发展令世人瞩目。人们对于世界未来的政治和经济结构的估计无不以东亚和太平洋为中心，而尤以中国为重点。

经济起飞只是当代中国的一个方面，中国的精神文明建设尤为刻不容缓。如果中国要自觉地发展中华文明，要有意识地使中国的发展具有世界意义，就必须发展强有力的精神文化，这样才能使中华文明的发展进入一个新的阶段，才能形成中国和中华文明的全面现代化。

而中国的精神文化的发展植根于中华文明的伟大传统之中。进入近代之后，在西方文化的冲击下，对于中国文化的价值产生了大量的情绪化和激烈冲突的论调。"五四"运动"打倒孔家店"的口号具有冲破封建束缚的时代意义，对中国文化的发展有不容否认的正面意义，与文化虚无主义是完全不同的。文化虚无主义者否定中国传统文化，在现代化的旗帜下主张全盘西化；而复古主义则沉迷于中国文化的古董，走进反进步、反科学的泥潭。

历史的发展则超越了所有这些论点，产生这些论调的一百多年来的中国近代史已经结束。历史要求中国发展，要求中国走在全世界发展的前列。西化论和复古论都已过时，历史已经要求世界超越西方，中国可以承担起世界的命运，而中国的现实和世界的历史都说明，中国的使命在于它的发展前进，而非倒退。

中华文明走出迷惘的时代，我们这一代处在一个伟大而具有挑战的历史阶段。

总结历史、展望未来，这就是《经典历史》的意义和使命。我们创作《经典历史》，力求总结和回顾中华文明的全貌，在内容和形式上都开创一个新的局面。在内容结构上，既具有一定的深度，又具有相当的广博性，既有严谨、准确的学术价值，又有活泼、流畅的可读性。本丛书内容纳了中华文明的各个方面，使它综合了大规模学术著作的系统性、严密性和普及读物的全面性、简易性，它既可作为大型工具书检索中华文明的各个成分，又可作为通俗的读物进行浏览。

我们从上世纪90年代初起就开始思考中华文明的历史和现实问题，并逐渐形成了编著《经典历史》的设想。在开展这项庞大的文化工程之始，我们就聘请了国内权威学者李学勤、罗哲文、俞伟超、曾宪通、彭卿云诸先生担任学术顾问，他们对计划作了充分讨论，并审阅了大量初稿。我们聘请了广州、香港地区的社会科学学者、大学教师、研究生以及我社编辑人员几十人担任稿件的撰写工作。

通过创作这部书，我们深深地感受到了中华文明的博大精深，也感受到了它的内在缺陷。中华文明具有辉煌的时期，也有苦难的年代，有它灿烂的成就，也有其不足的方面。中华文明在自身中能够吸取充分的经验和教训，就能够使自身健康壮大，成长发展。

通过创作这部书，我们也深深感受到了出版事业的使命和重任。我们希望这部书能受到广大读者的喜爱，起到它所应当起的作用，为中华文明的反省、前进和奋起作一点贡献。

目　录

华北最早新石器文化裴李岗文化形成

裴李岗文化于 1977 年在河南新郑县的裴李岗发现，是目前已知的华北地区最早的新石器文化，大约出现于前 5500 年—前 4900 年之间，主要分布在河南中部地带，以裴李岗出土文物为代表，反映了新石器时代早期中段以后的文化面貌。

裴李岗遗址中有房基、窑穴、墓地等村落遗迹，似有一定布局，居住建筑集中在遗址中部，窑穴主要在南部，墓地在西部和西北部。房基为方形或圆形半地穴，直径 2.2 至 2.8 米。墓葬集中于公共墓地，墓穴排列有序，多单人葬。磨

裴李岗出土的红陶三足壶

制石器多于打制石器，最有代表性的器型是带足磨盘、带齿石镰和双弧刃石铲。农业占有主要地位，作物是粟。饲养业也已出现，有家猪、家狗、家鸡甚至家牛。狩猎仍是重要生产活动，以木制弓和骨制箭为狩猎工具。制陶业已经具有一定规模，陶器有红褐色砂质和泥质两种，多碗、钵、鼎、壶等日用器具。陶壁厚薄不匀，据科学测定其烧成温度高达摄氏 900~960 度。

裴李岗文化与华北早期新石器文化其他类型一样存有细石残余，表明它

与以河南灵井和陕西沙苑为代表的中石器遗存有着渊源关系。从建筑遗存、
埋葬习俗、农业生产，特别是陶器形制、纹饰等方面考察，它与后来的仰韶
文化关系更为密切，一般认为，仰韶文化中后冈类型是对裴李岗文化及磁山
文化的继承和发展。裴李岗文化与老官台、李家村、磁山诸文化一起是仰韶
文化的前身，故被统称为"前仰韶"时期新时期文化。

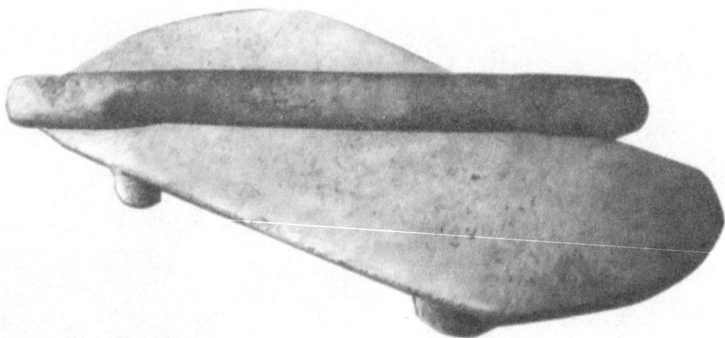

裴李岗出土的石磨盘、磨棒

河南密县莪沟出土的石镰

新乐人使用煤精

1973 年，人们在辽宁省沈阳北郊新乐工厂附近发现了新乐遗址。新乐遗址大约在前 5300 年—前 4800 年之间，是中国北方新石器时代最早的遗存之一。

在遗址下层发现一座半地穴式房址，平面的圆角长方形面积近 25 平方米，现存壁高 40 厘米，室内中部有灶坑。

遗物中有不少磨制石器，比如长三角形石镞、斧、网坠等。打制石器有砍砸器、石铲、网堕和磨盘、磨棒等。陶器以夹砂褐陶为主，竖"之"字线纹和弦纹为其特征性纹饰。

遗址中发现了磨制的圆泡形饰、圆珠等煤精饰物，雕刻精细，漆黑光亮，是目前发现最早的煤精制品。

新乐人使用煤精，大大提前了中国煤精工艺的历史。

新乐文化的煤精工艺品

河姆渡文化出现干栏式建筑

　　在原始社会漫长的历史过程中，随着人类的出现和进化，人类的居住环境也得到了相应的产生和发展。由于不会从事生产，旧石器时代的原始人只能居住在天然形成的山洞之中；随着生产力的进步，原始人在树冠上搭建所谓的"巢"，开始了巢居；到了新石器时代晚期，他们在架空于地面的木桩上搭建全木结构的木棚，这就是所谓的干栏式建筑。

　　现在有关干栏式建筑的最早考古发现出现在浙江余姚河姆渡遗址，距今

干栏式建筑的最早考古发现出现于河姆渡文化。图为我国西南少数民族地区依然保留下来的干栏式建筑式样。

约为 5000 年，包括至少三栋以上长屋，长达 23 米，向水一面有 1.3 米宽的外廊，遗址背出靠水，西南面是一座小山坡，东北面是一片湖沼。建筑的整体结构基本上是下立桩柱、上置地板、板上立柱安梁以芦草或树皮遮顶。

桩柱是建筑中的基础部分，其下端被削成尖状，垂直打入地下生土层。所有桩柱成行排列，总共有 13 行，并以西北—东南为其主要走向。在桩柱之上，铺盖厚板，形成整个建筑的居住面，厚板长度大约为 80~100 厘米。

在地板面之上，紧接着下面立起的桩柱，又立起了若干梁柱，用以搭置围墙和铺设房顶梁。梁柱和桩柱的衔接采用当时较为先进的手法。他们在梁柱的两端均设置榫头，即在梁柱的末端十几厘米处凿出透卯，或从两个方向均垂直凿卯，并在柱心相通，呈"L"状。梁柱两端的榫头，下端插入地板梁，上端插入梁头，用以固定梁柱与地板的衔接。

梁柱搭成之后，就可在上面搭上梁头，并在梁头之上铺设芦草或树皮。如此，一座干栏式房屋遂告建成。

干栏式建筑在当时的出现，是体现一定的现实意义的。由于地板高于地面，一来可避瘴气和毒虫，二来可防止遭受猛兽的袭击，三来也可降低地板面的过度潮湿，特别是对于居住在降雨量较多的森林地带和湖泊沼泽地带的原始人类。

河姆渡文化牙雕精美

　　远在新石器时代，原始先民就已经开始使用兽骨、兽牙、兽角等原材料制成器物，与石器、木器、陶器同时使用。

　　在浙江省考古发现的河姆渡文化遗址中，发掘出一些象牙雕刻制品，虽发现不多，制作也粗犷，但已属于原始的工艺美术品，同时也反映了原始先民的审美力。牙和骨、角一样，都是动物身体中最坚实的部分，用这些材料制成的器具，美观耐用，又容易加工成器，装饰性强，因此很早就被原始先民应用于日常生活中。制作牙器的材料，最先是多种兽牙，随着牙器制作水平的不断提高，应用范围不断扩大，人们逐步选中象牙材料成为牙雕器的主要材料。这是因为象牙在各种兽牙中，质厚色美，光洁如玉，为人们所喜爱。

河姆渡出土"双凤朝阳"牙雕

直到几千年后的今天，象牙制品仍然为人们所乐于使用、珍藏。

在我国古代，黄河流域和长江流域都有象繁衍。在《殷墟书契前编》《帝王世纪》等史料中，都可见有关猎象、以象耕田的记载。随着岁月流逝，由于自然环境和气候条件的变化，这些地区的象群也就慢慢灭绝，于是象牙也就由一般材料变为奢侈品了。

在河姆渡出土的象牙制品中，有一件象牙雕圆形器，高 2.4 厘米，形状类似小盅，平面呈椭圆形，制作精细，中空呈长方形，圆底，口沿处有对称的两个小圆孔，孔壁有清晰可见的罗纹，外壁雕编织纹和蚕纹一圈。还有一件象牙雕鸟首饰物，长 15.8 厘米，形状像匕首，正面微凸，刻有弦纹和三角纹相同的图案。一端作鸟头，喙弯曲，一端作长尾，中间翅膀呈长方形，颈部、翅膀及尾根部饰有弦纹和三角纹。腹部制作粗糙，中左侧有小孔，似为悬挂饰物之用。整个饰物侧视如鹰类猛禽。另有一件象牙雕刻双鸟朝阳，正面有阴文线刻，中心是大小不等的同心圆，外圆旁刻有火焰，两侧双鸟，昂首相望，背面制作则较粗糙，这件饰物用途不明。

在浙江河姆渡新石器时代遗址中发现的这些牙雕制品，反映了原始先民高超的手工技艺，是我国远古时代灿烂文化的一个组成部分。

河姆渡人使用陶制玩具

河姆渡人已使用陶制玩具。在河姆渡出土的文物中，有一陶猪，高 4.5 厘米，长 6.3 厘米，泥塑烧制。从表面上看，它拱着肩，伸着头，形态扁平，鬃毛高耸，显得野气未尽。若有若无的猪眼似乎在往前瞧，鼻子像是在吸动，呆头蠢脑，好像在等人喂食，又带点野猪见人时的警觉。

在出土的文物中，还有一个陶鱼，高 3.2 厘米，长 4.5 厘米。这条陶鱼看起来简单粗糙，一个张着嘴的大头，一段向上翘的身子，尽管缺损鱼尾，但

陶猪

身残神在。它张着嘴巴，圆睁两眼，奋张两鳍，周围没有水，但给人的感觉却似在水面浮动，嘴巴存吸气，双鳍在划动，鱼尾在水下戏耍，天真有趣。

在河姆渡还出土有一个双首陶猪，高 3.7 厘米、长 7.9 厘米。乍看上去，猪形并不是太明显，倒像一只双头兽，浑厚凝重，粗犷淳朴。这个双头兽和传说中的"并封""屏蓬"等很相似。《山海经·海外西经》："并封在巫咸东，其状如彘，前后皆有首，黑。""彘"就是猪。《山海经·大荒西经》："大荒之中……有兽，左右有首，名曰屏蓬。"很显然，后来的神话传说和新石器时代的双首陶兽有着某种渊源关系。还有古书中的伏羲和女娲，都是人面蛇身，他们被认为是人类的祖先，这反映了古人对"人丁兴旺""六畜兴旺"的渴望。

这些陶制玩具，其制作手法，看来简单粗糙，其实精炼粗犷；看来含糊笨拙，其实凝重灵巧，这种方式，古人称之为："外师造化，中得心源。"现代人称之为："现实主义和浪漫主义相结合。"

河姆渡文化的陶制玩具，反映了母系氏族公社时期发达的畜牧业和先进的烧陶技术，也反映了我国古代劳动人民高超的艺术创造能力。

丝绸产生并迅速发展

丝绸起源于我国原始社会时期。旧石器时代的伏羲氏利用野蚕茧开始化蚕桑为穗帛。新石器时代传说黄帝时期，已经把野蚕驯化家养。浙江新石器时代的钱山漾遗址出土了一些丝、麻纺织品，其中有平纹绸片和用蚕丝编结的丝带以及用蚕丝加拈而成的丝线。仰韶遗址中发现有茧壳和陶质蚕蛹，河姆渡遗址有酷似家蚕的虫纹图案，均表明当时已开始丝绸的生产。

史前的丝绸在取食蚕蛹的过程中被发现，并把蚕茧用水浸泡后抽丝、纺成丝线，最后织成丝绸。大量获得生丝的办法很简单，将野蚕捉来驯化，放养在树上。新石器时代的很多文化遗址，都发掘出用于纺丝线的纺轮，和专杆一起构成当时相当先进的纺专技术工艺。缫丝成为关键的一步，因为数日后，蚕蛹即化蛾，咬破蚕蛋就不能缫丝。

丝绸纺织工业在史前相当缓慢，但是，蚕的驯养，纺专技术的应用，以及原始的织造工艺，都为后期丝绸的迅速发展打下了扎实的基础。

岩画出现

　　岩画是在岩石上雕刻和绘制的图画，其创作时间最早约为旧石器时代，晚期至迟不超过新石器时代早期。中国境内岩画分布很广，比较著名的有阴山岩画、云南边境的沧源岩画、广西的花山岩画、连云港的将军岩画、新疆的呼图壁岩画、青海的刚察岩画以及嘉峪关附近的黑山岩画。

　　中国的岩画按其表现的内容可分为南北两个系统：北方地区的岩画多表现各种动物、人物、狩猎及各种符号，反映原始的游牧生活；南方地区岩画除表现各种动物、狩猎场面外，还有采集、房屋或村落、宗教仪式等内容，反映了南方原始农业社会的生活状况。这些岩画从总体上反映了远古时代的社会经济、生活状况和人群组织形式，成为研究原始社会的活化石，也为探索原始人的精神世界提供了实物依据。

　　狩猎和畜牧业是原始社会的两种主要经济形态，在岩画中多有反映。阴山狩猎岩画凿刻出猎人全神贯注的行猎动作。青海刚察县岩画描绘了一位骑马的猎手正弯弓搭箭

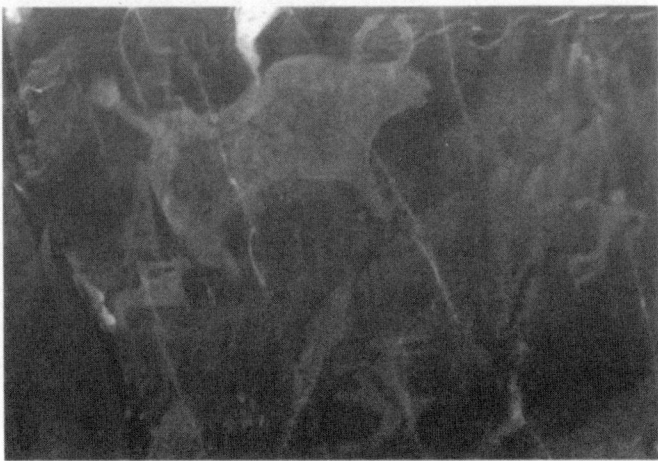

甘肃黑山岩画人物和野牛图。图中的野牛，在今天中国境内已看不见。

追射一头弯角相对、毛茸茸、肥胖胖、翘着尾巴惊恐奔跑的牦牛的狩猎场面，形象栩栩如生。黑山岩画则画了一猎人披虎衣

新疆阿尔泰山岩画动物和民族文字

戴虎帽扮成虎形驱赶其他动物的场面。这些反映狩猎生活的岩画中有不少单独表现动物的作品。最值得注意的是阴山岩画中有已在中国灭绝的动物形象的岩画，一幅是角鹿形象，另一幅是鸵鸟。

　　内蒙古阴山岩画围猎图。画中那些引弓搭箭的射手与惊慌奔窜的动物构成一幅生动的围猎图，反映了原始人生活的真实场景。

反映宗教内容的岩画也十分丰富，原始人的生殖崇拜、图腾崇拜、对太阳和各种神祇的崇拜等宗教观念和宗教仪式通过这类岩画表现出来。阴山岩画有一幅雄性对马构成一组单独纹样，表现了对男性的性崇拜，同样的"对马"图在新疆呼图壁康家石门子的岩画中也

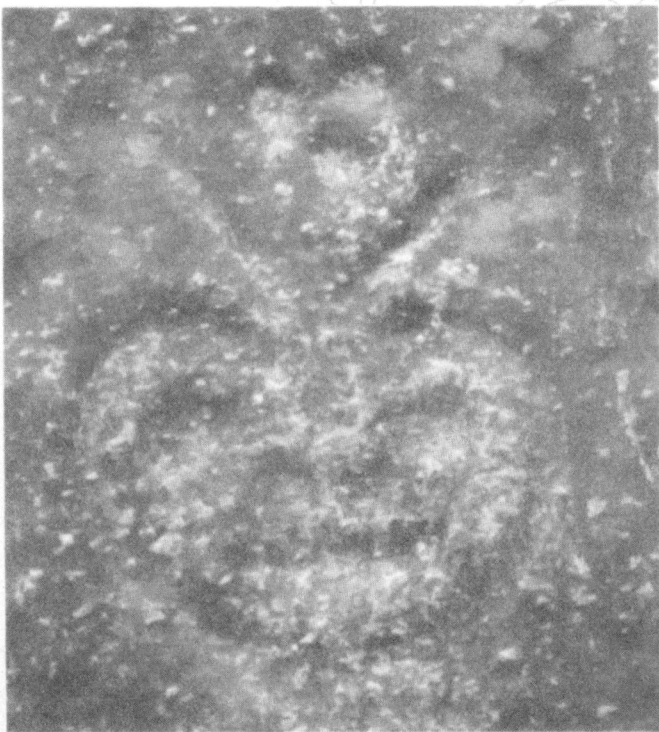

江苏将军崖岩画上的人头像。头饰羽冠，形如鸟，与以鸟为图腾崇拜的少昊族形象十分吻合。

出现。阴山岩画中的拜日图，描写一个虔诚的人面向太阳将手中崇拜物高高举起。沧源岩画中的太阳人也反映了原始人对太阳的崇拜。而在人头上加动物或植物的岩画，则表现原始人对图腾的崇拜。将军崖的植物人面图形岩画，是谷神崇拜的遗迹。

表现村落、战争、舞蹈的岩画则体现了原始农业社会的生活状况。沧源岩画反映的村落，排列有序，房屋为干栏式建筑，突出表现氏族公房和首领住房。沧源岩画中的顶竹杆、叠人、走绳索等画面，反映了当时的娱乐活动已有杂技和舞蹈。广西左江花山岩画，众多的氏族成员在首领或部落酋长的带领下作手舞足蹈状，为当时部落大典的群舞庆贺形式。沧源岩画中有一幅村落图，把村落布局、房屋建筑等情况放到次要的地位，主要表现一次战争

胜利后满载而归、载歌载舞的情况。这种岩画的创作目的，除了记载部落大事外，也给后代以军事、武力教育。

　　岩画达到史前艺术第一次繁荣期的顶峰，包含着人类初期的各种审美意识和观念，为史前艺术向第二次繁荣过渡准备了基础条件。

　　阿里岩画日、月、阴、阳图。此画将太阳与月亮同男女生殖器官并列在一起，表现出原始的生殖崇拜。

纺织技术出现并迅速发展

纺织历来是人类社会最古老的一个生产部门，所谓"纺织"即将某种纤维性物质通过纺纱工序然后织成布帛。中国的丝织在世界文明史上具有重要意义。而中国的纺织技术则大约出现在旧石器时代晚期，与农业相伴发展，并在人类改造自然的过程中迅速发展，重要成就之一就是原始织机的发明。

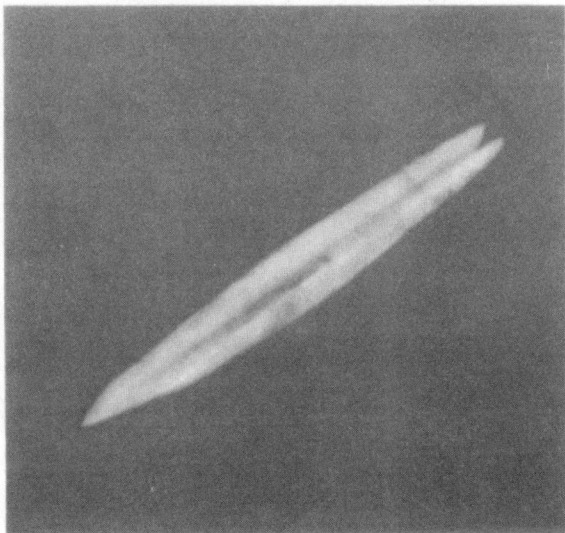

山东大汶口出土的新石器时代的骨梭

在纺织技术的起始阶段，编结与编织技术给了纺织技术许多启示。例如：出土于山西芮城风陵渡匼河遗址的石球，这种石球是用来做飞石索投掷打击野兽的，飞石索多用皮条或植物纤维编成网兜来系住石球；此外还有大量出土的骨针，用来缝制和编结；《易·系辞下》中说："……作结绳而为网罟，以佃以渔。"编织的罗网即称"网罟"。这些实物证明编结技术与纺织技术密切相关，现在全国各省区的出土情况则说明纺织技术的发明地呈多元分布。

随着农业的发展和手工编结技术的提高，纺织技术出现并发展起来。纺，

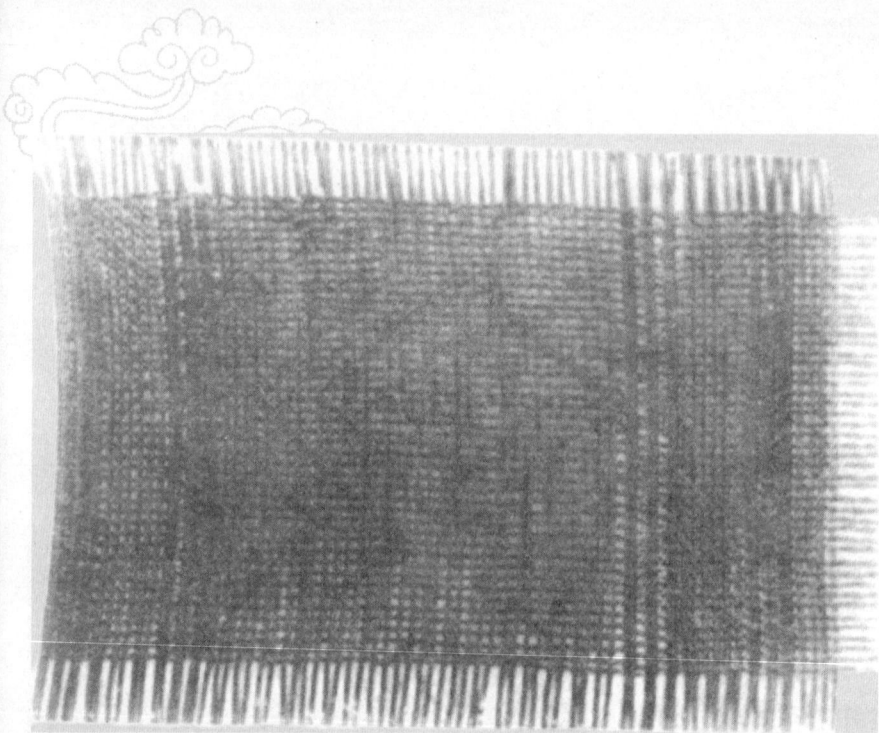

前4000年的葛麻纤维织物。江苏吴县草鞋山遗址马家浜文化层出土的织物残片（已碳化）。图为葛麻纤维织物模型。

即"谓纺切麻丝之属为纩缕也"；织，即"作布帛之总名也"。纺织技术的出现和发展首先表现在纺织纤维的提取，新石器时代有植物性与动物性两种不同类型的纺织纤维，植物性的有葛麻、大麻、黄荋麻和纻，动物性的主要有蚕丝。开始时原料多为采集，后来变成人工栽培或饲养。

对于葛麻纤维主要有两种提取办法：一是用手或手工具直接提取，这样的纤维多呈片状，如河姆渡的绳子；二是浸沤脱胶即自然脱胶，利用池水中细菌分解胶质，分离出纤维。而对于蚕丝，则如《说文解字》中说的："缫，绎茧为丝也。"即将茧置于热水中，用文火加热并适时加入冷水，这样得到的纤维表面光滑均匀，如浙江吴兴钱山漾良渚文化遗址出土的织物残片。除此以外还有对葛麻纤维的劈绩技术，即劈分与绩接，前者是将脱胶的纤维撕裂至小，后者就是将劈分的细小纤维束合接续在一处。

纺织纤维的提取为纺织技术的出现与发展提供了物质基础，最早的丝织品是1958年在浙江吴兴钱山漾下层（第四层）良渚文化遗址出土的织物残

片。早期的纺
织品还有陕西
华县柳子镇遗
址出土的麻布
片和江苏吴县
草鞋山遗址马
家浜文化层出
土的织物残片
（已碳化）。此
时的纺纱技术
操作全是手工
进行，新石器

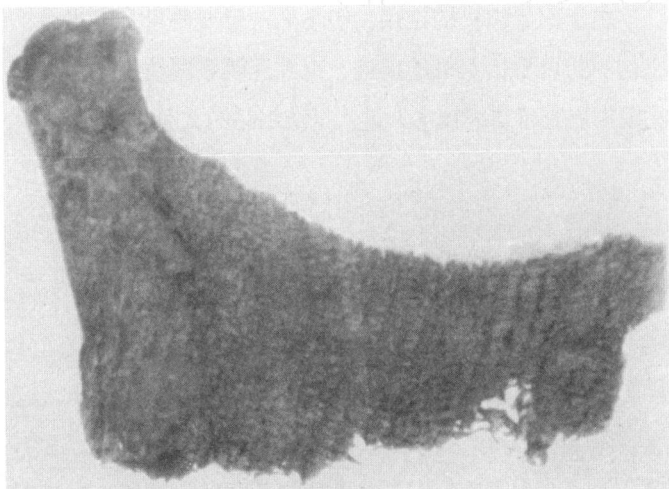

前4000年的葛麻纤维织物残片（已碳化）。

时代唯一的纺纱工具就是纺坠。纺坠的构造十分简单，最初只是一根垂拉纤维的木棍和与之垂直的木杆，具体操作则有吊锭与转锭二法，尽管纺坠的结构非常简单，却具有现代纱锭合股和加捻的基本功能，可纺出多种粗细不同的纱，原因就在于它的组成部分——纺轮的外径大小与重量，外径大纺轮重则成纱粗，反之则细。除纺坠外还有施捻合股合并细线的纺专。

经过提取、绩、纺，纺织纤维成为纱线，于是织造成为可能。开初的织造是一种手工编织，在技法上大约还借鉴过竹器编织术，具体的新石器时代的手工布帛编织术有平铺与吊挂二式，河姆渡出土的骨针、骨梭等就是当时的编织工具。在不断的实践过程中人们逐渐克服手工编织的速度慢、产品粗的缺点，发明了原始织机。根据考古发掘可推断出原始织机发明于新石器时代早中期。从河姆渡、钱山漾、草鞋山的考古发掘看，我国在新石器时代使用原始腰机，它由两根横木、一个杼子、一把打纬刀、一根综杆和一根分经棍组成，综杆可使需要吊起的经纱同时起落，纬纱一次引入，打纬刀则抽紧纬线，可完成开口、引纬、打纬三项主要操作，使原始织机具有机械装置的一些特点。

　　由于原始织机的使用，织物的产量及质量都有提高，草鞋山、钱山漾出土的织物可看出织机的痕迹，由此证明我国纺织技术出现后，人们通过努力不断发展完善纺织技术，进入了纺织品的文明时代。

中国漆器发端

　　考古界发现的最早的漆器，是距今 7000 年前的河姆渡文化时期的朱漆木碗和缠藤篾朱漆木筒，证明当时人们已懂得使用调朱的漆料对器皿进行髹饰。从事物发展规律来看，从使用本色的天然漆到学会使用调色漆，中间必定还要经过一个相当长的过程，因此，漆器的发明年代应该还可往上推溯，我们

朱漆木碗。河姆渡遗址出土。木质，壁外涂有一层薄薄的米红色涂料，微见光泽。经化验分析，此涂料为天然漆。

有理由自豪地宣称，漆器是中华民族的发明创造。

漆器有抗腐、耐酸、经久不变的性能，我们的祖先很早就学会采割天然漆树的汁液，用来做日用品的粘合剂、增固剂，进而加工炼制，掺调色料，使之由单调变得绚丽多彩，不仅用来髹饰日用品，使器皿流光溢彩，还用此做成形态各异、用途广泛、花色繁多的工艺品和美术品，这是中国的又一项对人类有重大贡献、可夸耀于世界的杰出成就。

我国古代文献记载的使用漆器时间也很早，《韩非子·十过篇》就讲到虞舜、夏禹时代已有单色的和朱黑两色的漆器。在出土实物里，距今四五千年的良渚文化，人们找到了棕地红黄两色彩绘的黑陶壶；比这还早近千年的马家浜文化，则发现了上端涂黑、下端涂暗红的两色喇叭形器；辽宁出土了三千多年前的薄胎朱色漆器，色泽仍然鲜明；山西发现了四千年前的彩绘木器……这些发现不仅有助于了解漆器的发展年代和水平，而且也知道古漆器在我国分布甚为广泛，不限于某一地、某一文化才有。

值得一提的是在良渚文化发现的嵌玉高柄朱漆杯，尽管出土时杯的胎体已松坏，但漆膜仍保持原状，有光泽感。在杯的圈足处，镶嵌有一面弧凸、一面平整的椭圆玉珠两圈，朱漆与白玉交相辉映，形成独特的艺术效果，表明了良渚文化的漆器已和玉雕相结合，超过实用品而成为艺术品；也表明新石器时代，髹漆工艺已经发展到彩绘、镶嵌等较高的水平。

中国开始使用金属进入铜石并用时代

新石器时代的石器

我国史前人类已经开始使用金属。仰韶文化时期就已发明的冶炼技术使我国史前人类在新石器晚期就已步入了铜石并用的时代，为商周时代璀璨辉煌的青铜文明准备了技术条件。

人类利用金属，最早是铜的利用，首先是直接利用自然铜，然后利用单金属矿冶炼红铜，或利用多金属共生矿冶炼出青铜、黄铜、白铜。由于我国从一开始就出现了人工冶炼的黄铜和青铜，没有经过漫长而相对独立的自然铜阶段，因此，我国金属铜的早期冶炼和成型方法是和铜器的利用成正比的。

我国目前所知最早的姜寨铜片是黄铜，1973年在姜寨29号房址的居住面上出土了一个半圆形铜片，经碳十四测定，并经树轮较正，该房碳化木椽年代约为前4675年，为我国迄今所见最早的金属块。最早的可辨器形的甘肃林家铜刀则为青铜制品，均属于仰韶文化时代。到了龙山文化时代，最早的容器是河南王城岗容器残片及山东

目前发现的中国最早的铜镜，距今4000年左右。

牟平的铜锥，都为青铜制品；山东三里河铜锥和山东长山店子的铜片为黄铜；部分铜刀则多为青铜；唐山大城山两件斧形铜片为红铜。到齐家文化，红铜器具、器械却又多了起来，呈现出利用自然铜和冶炼铜同步发展的情况。

我国新石器时代的金属铜成形技术已有了铸造和锻造两种方法，并不分是红铜还是黄铜等铜合金。小件器物如锥、指环等饰物，一般用锻制，如皇娘娘台遗址中的12件铜锥及铜凿一件，都有锻打的痕迹。大件器物如斧、锄等，多为铸造——制一个陶范或其他模具进行浇铸。铸铜或锻铜工具的使用，大大促进了社会生产力的提高。

因为早期铜器筑造的技术比较粗糙，操作相对简单，范多数为单面的或者是两合范，做范的质料有石质、陶质等。

从我国新石器文化遗址出土的原始铜器来看，至迟到龙山文化时期，我国史前人类已经开始使用铜器。史前人类使用金属，也是我国将进入青铜时代的前奏。金属工具逐渐普及，石器工具缓缓退出历史舞台，使人类最终告别石器时代，将文明引入更高的层次。

新石器时代广泛使用纺专

纺专是由陶片或石片做成的扁圆形回转体和回转体中间的专杆组成。转动的回转体以其惯性来给纤维做成的长条加上拈回；专杆则用来卷绕拈制的纱线。旧石器时代出土的文物中已有纺轮，到新石器时代，用纺专纺纱已经相当普及。

最原始的织不用工具，徒手操作，经纬相交的织物的长宽度十分有限，效率也很低，因此，最原始的纺也仅用手搓合，将植物的茎外皮和野蚕丝搓合拈回，成为最原始的纱线。纺专技术出现后，效率还相当低。因为用纺专加拈必须间歇进行：先加拈一段纱，停下来将纱绕到专杆上去；再拈一段，再绕上去，如此循环反复而已。但是，用纺专纺纱，不但使纺出的纱线均匀结实，而且比手工效率要高一些。

浙江余姚河姆渡新石器时代遗址中出土了纺专和织机零件，为后世发明纺车提供了依据。说明我国纺织科学技术起源较早，工艺发达。考古工作者在古代遗址考古发掘中，又为我国史前发达的纺织业提供了更可靠的实物史料。

史前织造技术是从制作渔猎用编结品网罟和装垫用编制品筐席演变而来的。河姆渡、半坡文化都有编织物印痕出土，制作已相当精细。在河姆渡文化时期，用纺专来纺纱已经很普及了，还使用了木刀、分后桩、卷布棍等古式织机。用纺专纺出的古代织物，品种丰富多彩，有丝织品、麻织品等。其中丝织品已有锦、绢、纱、缎等类型，有双经双纬、回纹、平纹、菱形花纹、多层纹、对龙对凤纹等多种纹式，异彩纷呈。

新石器时代的青海柳湾遗址还出土有朱砂，山西西荫村出土有研磨颜料的石臼、石杵，陕西姜寨遗址出土有彩绘工具，说明史前人类还从视觉效果上追求织物的美感，已对纺织品进行染色，绘有红、绿、黄等颜色，与纹样交相辉映。最普遍的染色是用朱砂染涂成红色，象征着史前人类对生命的渴望，对征服自然的追求。

中国素以丝绸之国著称，丝绸之路几千年如一日地传递中西文明互动的信息。中国丝绸的地位，在史前时代就已奠定了。朝鲜、日本、波斯、印度、埃及等世界各地，都先后引进先进的中国式的手工织机、亚麻纺车、棉纺车，中国丝织业一直领先于西方几百年甚至上千年，所以也一直引导着世界丝织业朝着更加多姿多彩的新境界发展，把人类生活装点得更加美好绚丽。

河南郑州出土的前3500年的浅绛色罗

红山文化雕塑细致

在内蒙古赤峰西水泉、辽宁喀左东山嘴、辽宁建平与凌源二县交界处的牛河梁均发现属于新石器时代红山文化的雕塑作品，这些雕塑作品，塑工细腻，栩栩如生，在中国原始社会雕塑史上占有重要的地位。

赤峰西水泉红山文化遗址出土一件小型陶塑妇女像，头部已残缺，剩余部分高 3.8 厘米，是捏塑而成的泥质褐陶，胸前突起乳房，腰部纤细，下半身

牛河梁积石冢女神庙遗址

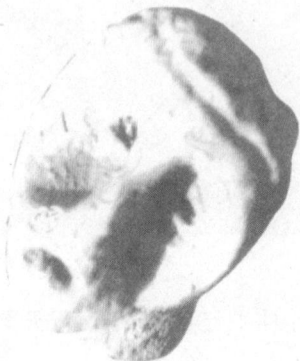

陶人头。在红山文化遗址中曾
发现许多陶制人体残片，人体有大
有小，排列在祭坛旁。

牛河梁泥塑人像残块

呈喇叭座状。

额左东山嘴一处红山文化祭祀遗址中出土一些陶塑女裸像，是距今约
5400年前的文物，分小型和大型两种，小型为立像，残高5~5.8厘米，皆为

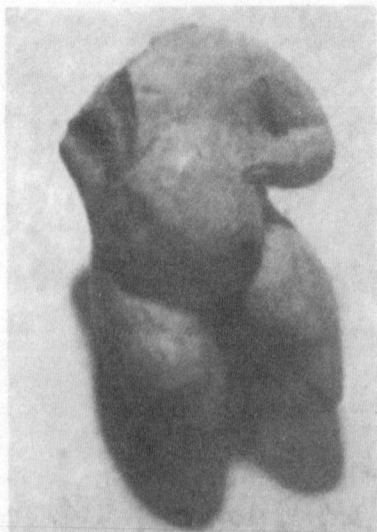

红山文化出土泥塑孕妇像

辽宁喀左东山嘴红山文化遗址出土的泥塑人像残块

陶质，残体腹部隆起，臀部肥大，左手贴于上腹，是个典型的孕妇形象。大型为坐像，高度约为真人的一半，躯体均具孕妇特征，头部残缺。它们可能是当时人们所崇拜的"生育神"。

牛河梁红山文化遗址也为祭祀遗址，出土一件泥塑女神头像，面涂红彩，头高22.5厘米，面宽16.5厘米，形体与真人相当。整个头像生动，额上塑一圈突起的圆箍状饰，眼睛用淡青色圆饼状玉片制成，整个面部表现出扬眉注目，动嘴唇的说话形状，颇具动人的神秘色彩。

这些陶质妇女裸体塑像，是母系社会的象征物，它们的造型强调女性特征具有女性或生殖崇拜的意义，母系社会女神崇拜这一精神产物，到父系社会渐渐消失。尽管原始女神不复存在，但这种审美影响与原始人类的宗教波及后世雕像与宗教。

红山文化雕塑集中反映了红山文化人们的精神及物质世界，丰富了红山文化的涵蕴，在雕像强烈的艺术表现力震撼下，人们了解到北方的红山文化与中原、南方古文化一道组成了史前文化群。

数字刻符出现

　　随着原始社会生产力的发展，各种剩余消费品的数量日益增多，为了计数物品，人们想出一些刻画符号用来表示较大的数，形成了各种数字刻符。西安半坡、上海马桥遗址第五层、浙江良渚、台湾凤鼻山、山东城子崖下层以及青海乐都柳湾、甘肃半山马厂等处出土的陶器上，都发现一些代表数字的刻画符号。

　　原始的计数方法有结绳、契刻、摆竹片等许多种。据说到二十世纪中期，我国云南红河元阳地区的哈尼族人还用麻绳打结来表示自己的田价银子数，而新疆巴里坤草原的哈萨克牧民至今还保留着用羊毛绳打结来记羊的数目。

　　契刻记数用刻在骨片、竹片、木片等上面的刻口多少表示一种数的习惯记录。在西安半坡遗址中出土的陶器表面，出现了一些代表数字的刻画符号。这些以半坡为主的关中地区的刻画记数文字中，和甲骨文、金文中的数字有某种内在的演化发展关系。经初步认识，以半坡为主的关中地区的刻字刻画号 –、×、∧、+、)(、l、ll、lll 等分别代表一、五、六、七、八、十、二十和三十等数字。时代稍晚于半坡的马桥陶片及城子崖陶片上，均有相类似的刻画符号，如用 I＝表示十二，以 U 表示二十，而用山、屮、山、火等表示三十。

　　由此可见，在新石器时代，随着社会经济的发展，大量剩余产品的出现，为了贮存和分配的需要，原始的数字刻画计算方法已经运用到生活当中，为后人研究空间形式和建立数学学科提供了基础。

中国陶器文化达到顶峰

陶器是新石器时代文化的主要标志之一，陶器形制的变化往往反映了文化的不同和发展，中国陶器文化在新石器中晚期达到顶峰。

这一时期，中国制陶工艺技术相当纯熟，已由手工制陶发展到快轮制陶，这是新石器时代制陶术的一项重要成就。快轮制陶工艺出现后，可以制做出壁薄而均匀的器物。山东龙山文化出土的漆黑光亮、壁薄如蛋壳的高柄杯，反映了史前制陶术的最高水平。

此时，人们对制陶材料的性能已有一定认识，有意识地选择不同的陶土来制做用途不同的器物，

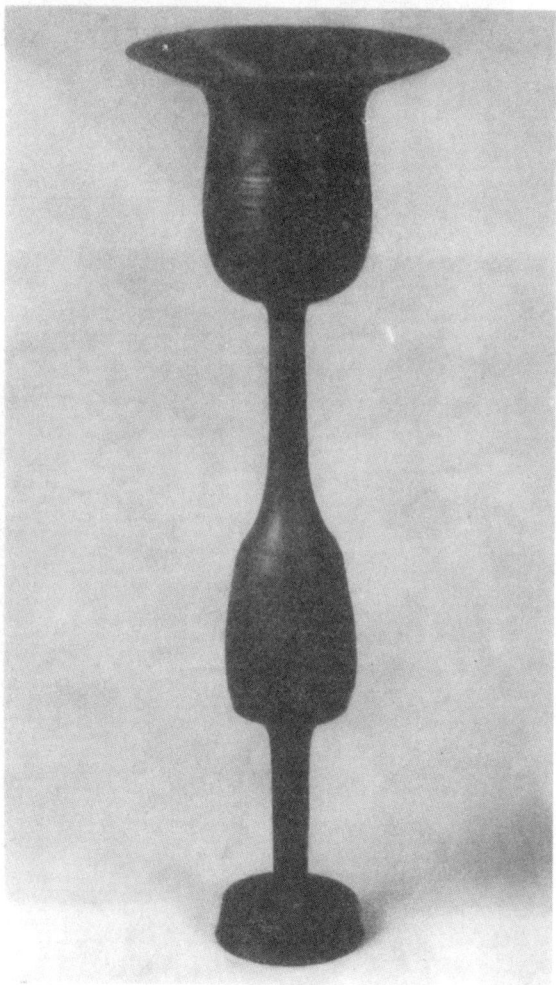

黑陶蛋壳杯，龙山文化典型文物。轮制，造型规整，器壁薄如蛋壳，且厚薄均匀。

富有神秘象征意义的人面含
双鱼纹彩陶盆，陕西西安半坡村
出土的珍贵文物。

舞蹈纹彩陶盆。青海大通上孙家寨出土，马家窑文化文物。

涡纹双耳彩陶壶,甘肃省出土。

泥质陶主要用来制作致密度较高的一些器物,如碗、瓶、甑等,仰韶文化彩陶、龙山文化黑陶则多是细泥质的。尤其是,黄河流域发明了高铝质白陶,长江流域发明了高铝质和高镁质两种类型的白陶,这对我国陶瓷技术的发展,以及由陶向瓷的转变都具有十分重要的意义,我国也因此成为世界上最早发明白陶的国家。

陶器表面修整和装饰工艺更趋成熟。主要有陶纹、表面磨光、涂施色衣(又叫陶衣)、彩绘等方式。

此期陶窑的构造都是地穴式的,即穴地为窑(东周之后才建到地面上)。并分为横穴式和竖穴式两种。能较好地控制温度。

制陶术的发展,在物理化学知识、高温技术上,为制瓷术、冶金术的

彩绘三足陶罐,内蒙古敖汉旗出土。三足加强圆罐的稳定,整个器物表面呈黑色,又用白、红二色装饰,端庄大方。

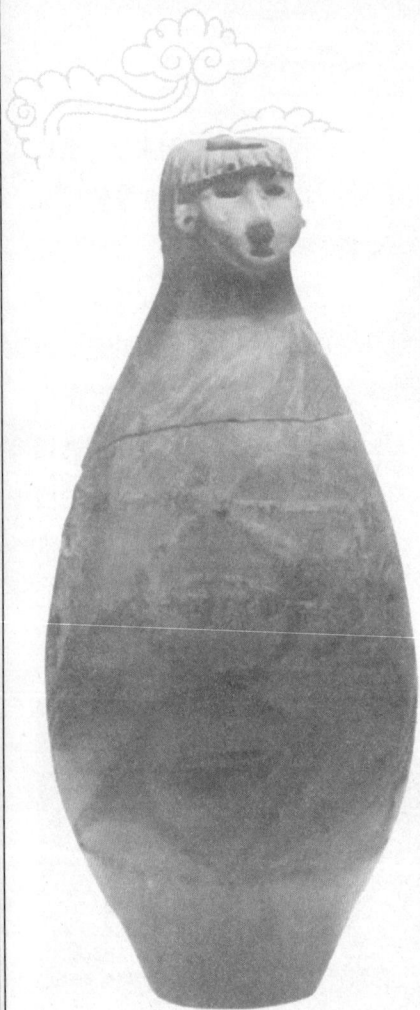

人首形器口彩陶瓶。甘肃秦安大地湾出土。

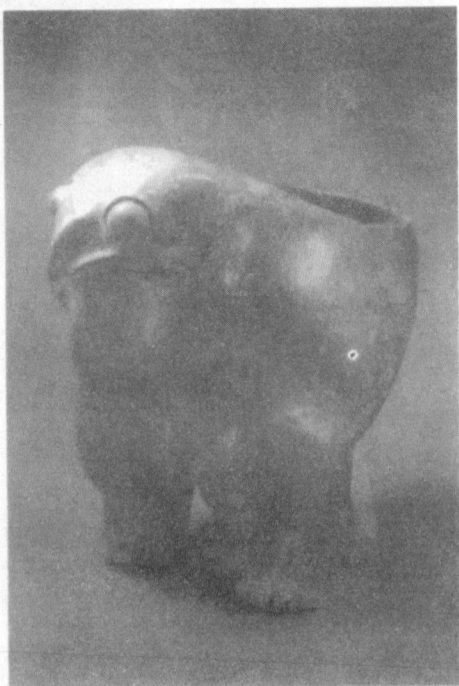

鹰鼎。陕西省出土。

船形彩陶壶。陕西省出土。

产生打下了良好的基础。

　　在新石器时代，陶器几乎是当时物质与精神文化的总和。彩陶的出现，意味着人类的审美能力又登上了一个历史的新阶梯。彩陶艺术的光芒已辉映了新石器时代中期的历史环境，并敲响了高级文明来临的晨钟。从仰韶文化以及马家窑文化等彩陶的纹饰来看，那些流畅而又挺健的线条，长达周圈，没有能够蓄色的工具来进行那种描绘几乎是不可能的。由此可以推见，当时必定有陶工和画工的相对专业化。

　　陶器本身是我国造型艺术的先驱，到目前为止，我国还没有发现比陶器年代更早、更完美、更典型的造型艺术作品。我国最早的人物画，是马家窑文化彩陶舞蹈盆画；最早的动物画，是河姆渡文化的夹炭黑陶猪纹钵上刻画的猪纹，以相当写实的手法，活现出一头肥猪呆拙粗壮的特征。

陶人头。仰韶文
化文物。

彩绘桶形陶罐，内蒙古敖汉旗出土。
纹式与中原商代青铜器上的纹式布局十分
相似。

女神像，辽宁红山文化文物。此像
具有典型的蒙古人种的女性特征。

陶鼎。新石器时代生产的陶鼎、豆等，
设计精美，已能在陶器上镂刻花纹。这对于
商周时期青铜文化的繁荣发展奠定了基础。

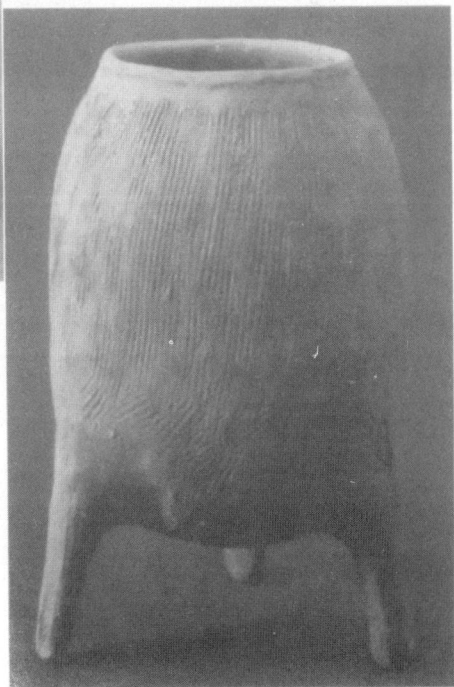

红山文化遗址"女神庙"中，不但发现了孕妇神象，还发现了一尊相当于真人原大的完整女性头像。女性头像各部位塑造得十分准确而又加以夸张，嘴唇外咧、微笑欲语，面颊有肌肉起伏感。这一尊极富生命力而又高度神化了的女神头像，是我国第一次发现的 5000 年前的祖先陶塑像。"女神庙"中还有一些大小不等的塑像，从一些残迹可知，最大的塑像三倍于真人。体内有木制的支架，内外层泥质不同，其塑制方法与现代大型雕塑的做法很相似。预示着中国雕塑艺术的辉煌。

新石器时代晚期的陶器文化，为青铜时代的来临，准备好了造型的场所，使它们在火光的焙烧中迎接冶炼的铸造艺术形体的降临。

齐家文化开始锻造

　　前 2000 年左右，齐家文化的人们已经认识了金属的性质并运用锻造和铸造制作出各种铜器。齐家文化中冶炼技术的普遍应用，为商、周时代的青铜文化奠定了基础。

齐家文化灰陶盉

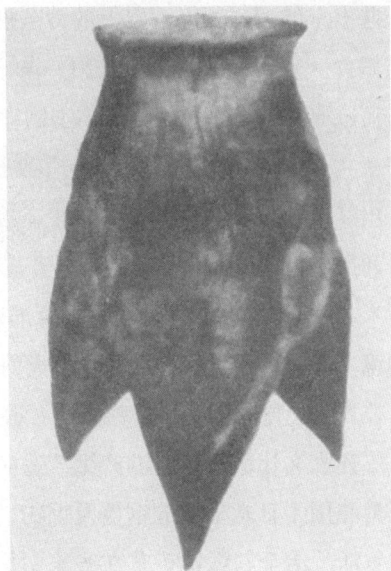

齐家文化鬲

齐家文化红陶罐

中国古代锻造分为冷锻和热锻两种，齐家文化时期冷锻工艺普遍应用，一些出土的刀、斧等铜器上的铸范痕迹可做例证。1978年以前在甘肃武威皇娘娘台齐家文化遗址出土的刀、凿、锥等红铜器和一些饰物均经过冷锻，锤击痕迹非常明显。在秦魏家出土的青铜锥也经过冷锻。这些出土的器物表明，齐家文化的冶铜和锻造技术都达到了较高的水平。人们可以利用单金属矿冶炼出红铜，也能利用多金属共生矿冶炼出青铜，锻造工艺随着冶金业的发展得到推广，锻造技术不断提高。齐家文化朵马台出土的铜镜保存较好，直径9厘米，厚0.4厘米，正面光滑，背部饰有七角星图案，为我国目前发现最早的铜镜。齐家坪还发现迄今为止最大的一件铜器制品——斧，长13厘米，一端有长方孔，便于安柄。这些器物展示了齐家文化锻造工艺之精。

齐家文化锻造工艺的产生，适应当时冶炼技术的发展，制造出各种金属工具和用于日常生活的铜器及饰物，促进了农业生产的发展，也丰富了人们的生活。冶金与锻造工艺在齐家文化空前繁荣，为商、周时期青铜文化的繁荣发展奠定了基础。

齐家文化使用铜镜

齐家文化反映了新石器晚期甘青地区的社会经济状况，开始普遍应用冶炼技术，冶铜业已经相当发达，出现了红铜和青铜制品。我国目前最早的铜镜在齐家文化遗址中发现。

铜镜中的含锡量一般较高，多为青铜铸件。铜镜的制作程序相当复杂，大致包括制镜范即制模、浇铸、刮削、研磨、抛光、开光等工序，还要在刮削前后进行热处理。铜镜真正开始大量制作是在冶炼技术比较成熟的战国时期，到汉唐时期，制铜镜的工艺相当成熟，

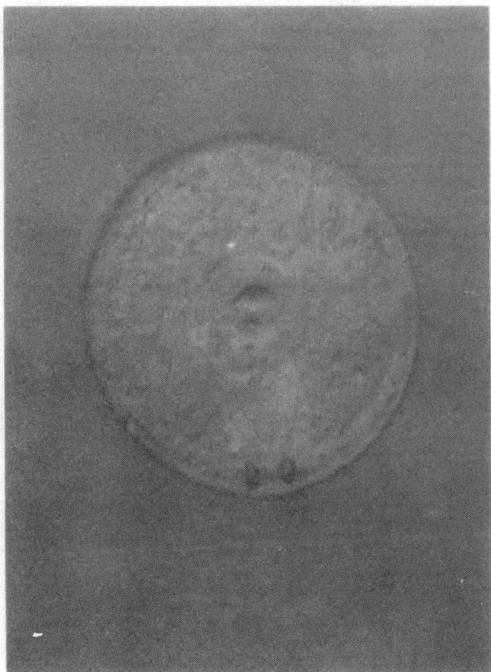

我国目前最早的铜镜在齐家文化遗址中发现

发展到高峰，宋代以后才逐渐衰落。这个时期铜镜中各成分的含量分别为铜占65%~72%，锡占22%~25%，铅占3%~8%，因此，铜镜是一种含合金铸件。

制造工艺如此复杂的铜镜在史前的齐家文化时期已经产生并开始使用，表明我国齐家文化时期的冶炼技术尤其是冶铜技术已经相当成熟。

半穴居房屋鼎盛

新石器时代陶屋模型，江苏邳县大墩子遗址随葬品。

半穴居既有穴居的某些优点，又有地面建筑物的某些特征，成为一种颇具特色的由穴居向地面土木建筑的过渡形式。我国早期的半穴居房址出现在新石器早期的半坡文化遗址中，晚期的代表性建筑以当时氏族公房为主。

早期的半穴居住房，屋址平面尚没有通用的固定的形状，穴壁四周没有明显的柱洞及构造遗存，还没有产生相对独立、能够承重的墙体。屋盖的形状，多类似圆锥或方锥，以树枝相互交叉形成骨架，骨架间隙塞以细小的树枝、树叶及苇草，再涂抹上草筋泥。如果棚屋比较大、重，下部则设有支撑柱。

中期的住房则倾向于半穴居——土与木结合的建筑形式，表现在承重立柱的出现，墙体的增高及建筑必需的基本因素已经具备。到了半穴居的晚期，出现西安半坡、郑州大河村、甘肃秦安大地湾等原始氏族群落聚集的大房子。其中大地湾大房屋遗址代表了原始社会建筑技术的最高成就。该大房屋以长方形的主室为中心，两侧有东西侧室对称布置；主室后部还有与之同宽的后室；主室的前方有些附属建筑，并设有广场。大房屋布局秩序井然，主次分明，结构复杂而严谨，大房屋前有近千平方米的广场，不难看出，它应是氏族部落或联盟的公共活动中心。大地湾大房屋具有宏伟规模、复杂的结构以及精湛的建筑技术，更有意义的是这座建筑的设计已经超越了原始的、简单的庇护所的概念，而具有了某种形式的审美意识，建筑已经作为一种文化艺术形式出现了。

商代纺织业兴盛

中国在新石器时代晚期就已掌握了丝绸织造技术。进入奴隶社会以后，奴隶主竞豪奢华、锦衣玉食，大力发展纺织技术，从而到商代时，纺织业呈现出一片兴旺景象，其中尤以丝绸技术为最。

在甲骨文和金文中，载有不少同衣着服饰和与纺织有关（比如原料、缲纺、编织和丝织品等）的文字，与商周时期的其他文物互相印证，反映出这一时期纺织技术发展的脉络与纺织业兴盛的景象。

甲骨文中有许多涉及到蚕桑的字和卜辞。"桑"字有多种写法，且其用法

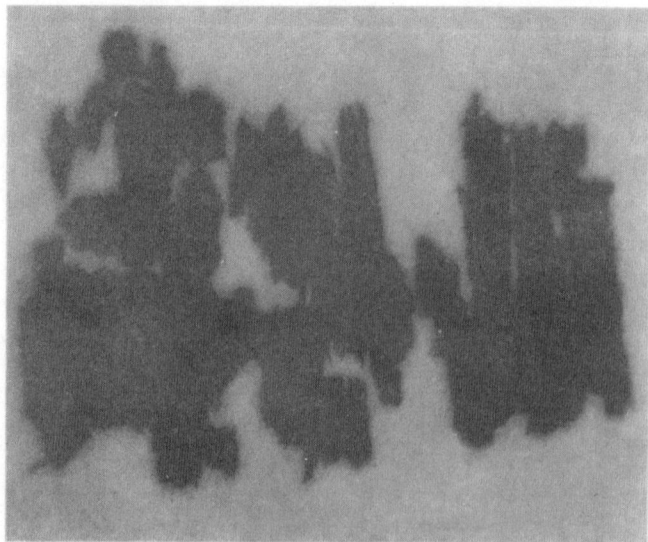

河北藁城出土的商代麻布残片

可分为表示桑树、桑林和采桑的，直接反映了商代的蚕桑生产。关于蚕的象形字，甲骨文中约有十余种，出土的殷代玉蚕和骨蚕实物的形态与它们极为相似。甲骨文中还有关于蚕桑的完整卜辞，比如有关呼人省蚕事的事例有的竟多达 9 次之多，可见蚕桑生产在当时所处的重要地位。在商代，人们有祭蚕神的隆重仪式，以求蚕桑的丰收，甲骨卜辞中的这些记载说明蚕桑事业在中国商周时期已成为相当重要的生产内容。

商代已设立了"上丝"的职官，专门管理发达的蚕桑丝织业。甲骨文中有关"缫"字的象形文字构成了热缫法的操作图景。这说明商代已基本具备了缫丝工艺技术和工具。

商代纺织业丝绸门类里出现了技艺水平很高的织花纹绮，尤值一提。纹绮的形式多种多样，有回形的菱形斜纹织花（平纹织地）、异向纬斜纹显花（平纹织地）。有的纹样由平排连续的雷纹与三根平行线组合的横条图案，布局匀称，极为美观。河南安阳出土的一把商代青铜钺，上面附有回纹绮残痕，足以说明商代的丝绸织花技术达到了很高水平。

河北出土商代麻布

陶器漆器持续发展

夏是中国历史上第一个奴隶主专政的国家，这时，文明的发展开始进入了青铜时代。陶器逐步降为一般的日用品，其地位被灿烂精美的青铜器所取代。但作为一个独立的艺术门类，陶器继续向前发展，原始瓷器也出现了。

灰陶是这个时期里制陶工艺的主流，产量占绝大多数。从商代起，器型更为丰富，炊器、食器、饮器、盛器分类极为精细，商代后期，由于奴隶主酗酒作乐，还大量盛行酒器。陶器器型的发展直到春秋时期才告式微。在纹饰上，出现了新兴的饕餮、夔龙、蝌蚪、蝉蚊和云雷、连环、乳钉等几何纹，明显是受青铜器装饰风格的影响。

商、周时期还创制了一些陶器新品种，有刻纹白陶、印纹硬陶和原始瓷器，为陶到瓷的发展作出重要贡献，这都归功于高岭土的发现和使用，以及釉的发明。白陶在新石器时代已有出现，但质地粗糙，商代白陶洁白细腻，纹饰精致，层次分明，可与同期的青铜

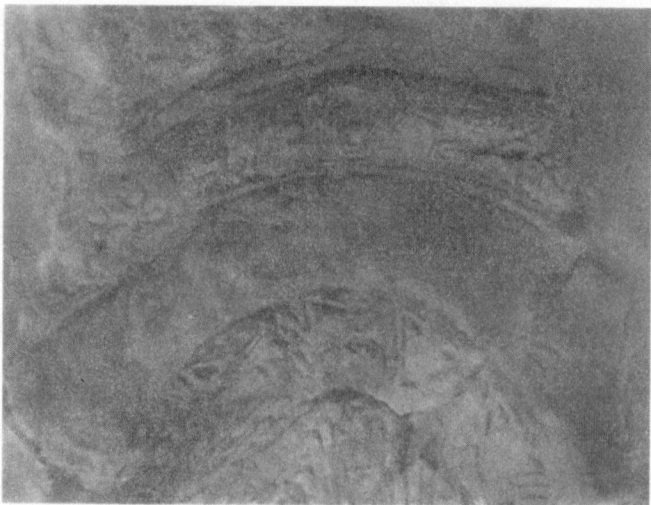

朱漆木雕遗痕。商代文物。

器并驾齐驱。白陶费工大，产量极小，西周以后就不再生产，已成稀世精品。印纹硬陶和原始瓷器是同一系统的产品，同窑烧制，上了釉的便为原始瓷器。这种原始瓷器烧成温度约为1200度，无吸水性，已接近瓷器的要求。

漆器从商代经西周到春秋，工艺不断发展，镶嵌、螺钿、彩绘都达到了很高水平，漆器应用范围更广泛，不仅有杯、盘、碗、瓠，还有匣、盒、棺等，工艺由素面髹漆发展到木胎雕花后再髹漆。漆器纹饰丰富，同样受青铜器风格的影响。

商代的一件漆器上，在饕餮的眼睛和眼角，镶有经过磨琢的方、圆、三角形的绿松石，技艺复杂而制造考究、装饰华美。更出人意料的是，在一件漆盒的朽痕中，发现有半圆形的金饰薄片，正面阴刻雷纹，背面有朱漆痕迹，显然是贴在漆盒上的金箔，汉代流行的在漆器上镶嵌金银箔花纹的工艺当可以溯源至此。另外一件商代晚期的木碗，经观察是用边材板镟注而成的，这也是现知的最早的一件车镟木胎漆器。在商代的出土文物中，发现了表面不平，和后代堆漆工艺近似的漆器；后代十分流行的皮革胎漆器，发源也在商代，这是从出土的皮甲残迹上有黑、红、白、黄四色图案而推知的。透过这些发现，可以说，漆器的许多工艺，在商代就已奠定了基础。

商代灰陶大口尊

商代中期青铜代表作杜岭方鼎铸成

　　杜岭方鼎是中国商代中期最大的青铜礼器，用于祭祀、烹食。1974年发现于河南省郑州张寨南街杜岭土岗。共出两件，形制、纹饰相同，都是斗形深腹立耳，分别编为1号、2号铜鼎。1号鼎较大，通高100厘米，器口长62.5厘米，宽61厘米，鼎口、腹略呈横长方形，腹壁厚0.4厘米，鼎腹成斗形，深46厘米，重约86.4公斤。鼎体巨大，造型浑厚、庄重。鼎口沿外折，两侧沿面上有圆拱形立耳，微微外张，耳的外侧面呈凹槽形，内有3道凸起的棱线。鼎腹上部约三分之一处饰有阳纹的饕餮纹装饰带，每面正中及4个转角处也各有一组饕餮纹。腹部左右和下部边缘装饰一圈整体成U形的乳钉纹。其余部分均为素面。装饰手法朴素大方。从造型和纹饰上，都充分体现了商代中期青铜器的特征，是这个时期的代表作。但由于年代较早，铸造技术还不够完善，在整体比例和细部处理上尚有不

杜岭方鼎

足之处。和商代后期以司母戊鼎为代表的方鼎造型相比，杜岭方鼎腹部过深，足相对较短，显得庄严感不足，耳和口沿也太单薄，尚有外范接合不严、部分纹饰有重叠的缺点。

此鼎出土时腹底和足表有烟薰的痕迹，证明鼎作为礼器不仅摆设在宗庙里作为权力的象征或用以祭祀，还用来烹煮食物，作为炊具。

2号鼎通高87厘米，口径61×61厘米，为正方形，重64.25公斤。1982年，在郑州城东南的商代中期窖藏中又发现两件大方鼎，造型和装饰手法与杜岭方鼎相同，形体稍小，都通高81厘米，口径55×53厘米，一件重75公斤，一件重52公斤。

杜岭方鼎的发现开拓了人们对商代中期青铜工艺的眼界，它为商后期出现的司母戊等大方鼎在造型和工艺上开了先河。

原始青瓷出现

商代中期，原始青瓷开始出现。在郑州、湖北、河北、江西等地都有原始青瓷的产地，其中又以长江下游为盛。

原始青瓷具有瓷器的基本特征，但又不具备真正瓷器的薄胎半透明性质。它以含铁量低于 1.5% 的高岭土为原料，坯体施青色石灰釉，经过 1200 摄氏度左右窑温烧成，胎质较坚硬致密，胎色青中泛白，故名，亦常称为原始瓷。它的吸水率较低，初具瓷器的特质。

原始青瓷自从于商代中期出现，其产量就一直呈现上升的趋势。它的原料基本上是就地取材的，只有在选择和加工上比较讲究。中国南方的许多地方因为具有丰富的瓷石矿，所以原始青瓷首先在长江下游得到了较大发展。在成形技术上，原始青瓷在商、西周时多用泥条盘筑法，外表通常经过修理，所以很少留有泥条盘筑痕迹，部分产品在器表也留有拍印残痕，内表留有"抵

商代青褐釉原始瓷尊

凹"，唯有少数的生产工具，如瓷刀、瓷纺轮等，可能是模制或手捏的。

在原始瓷的产生和发展中，原始瓷釉也形成并不断发展。北方最迟在仰韶文化时，就发明了在陶器表面上涂刷白色涂料，即所谓"白衣""陶衣"的工艺；在南方，湖南澧县新石器时代早期陶器就采用了涂刷红色陶衣的技术。这便是釉的前身。釉实际上是人们经过了选择和配制，所含助熔剂更多的一种涂料。商、周的原始瓷釉叫石灰釉，它的主要优点是熔融温度较低，高温粘度较小，釉面光泽较好，硬度较大，透明度亦较高，坯体上刻划的花纹图案，浮雕人物，都可一一清晰透映出来。石灰釉在中国沿用了很长一个时期，对中国古代陶瓷技术的发展作出了重要贡献。春秋战国之后，施釉技术有了明显的提高，绍兴富盛区出土的原始青瓷虽釉薄至 10~50 微米，而胎釉结合却较前稍好。

在影响原始青瓷产品质量的诸多工艺因素中，最为重要的有两个，一是原料的选择和加工，二是陶窑构筑、窑内气氛、温度的控制。以易熔粘土为原料时，就只能烧出普通的灰陶、红陶、黑陶来；以瓷石、高岭土为原料时，就可以烧出白陶、印纹硬陶以及原始青瓷器来。白陶、印纹硬陶的发明和发展，陶衣、彩绘、泥釉技术的发明和发展，分别在胎质、釉质上为原始瓷的出现准备了条件；而升焰式窑的不断改进，半倒焰窑和平焰窑的出现，才使原始青瓷变成了现实。

中国是世界上最早发明瓷器的国家。原始瓷的发明和发展，说明当时在陶瓷原料的选择和加工，在窑的构筑和烧成技术上，都达到了一个较高的水平。

原始青瓷从原料选择、成形、施釉到烧成，都还比较原始，故不管胎还是釉，与真瓷都存在着相当的距离。但原始瓷毕竟是真瓷的前身，它的出现是个伟大的起点，预示着东汉时期真正瓷器的产生。

中国金银器工艺产生

　　3000多年前，中国金银器工艺产生，在以后漫长的发展历史中，曾产生过无数优秀的作品。

　　所谓金银器，是以贵金属黄金和白银为基本原料加工而成的器皿、饰件等。在我国，黄金一般分山金和砂金，其中砂金较早被人类发现。银又称白金，与其他矿物夹生共存。在物理性能方面，金不怕氧化，不易生锈，不溶于酸碱，延展性较好，而银在这些方面都不及金。金银器的制作工艺主要有熔炼、范铸、锤鍱、焊接、炸珠、镌镂、抽丝、掐丝和镶嵌等，这些技法有的来自青铜器工艺，有的则是金银器制作者的独创。

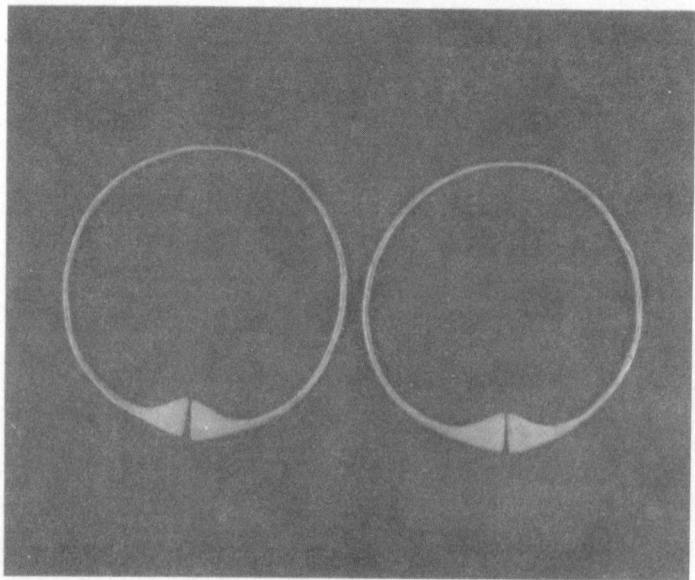

商代金臂钏

科学发掘的资料证明我国最早的金器产生于商代。在河南、河北、北京、山西等地的商代遗址和墓葬中均有金器出土。其中商殷中心区域出土了金片、金叶、金箔等饰件，而离这一区域较远的地方则出土了一些金质首饰。北京平谷商代中期墓葬中出土的金臂钏、金耳环等，经化验含金达85％，杂有较多的银和少量的铜。其中金臂钏用锤鍱法制成，两端锤成扇形，再弯成环状；金耳环一端锤成喇叭口状，一端锤成尖状，整体弯成圆形。

商代晚期金器主要出土于山西石楼后兰家沟，这里可能就是商代的北方，这批金器应该是商文化与北方文化的结合体。这里出土了三件金珥形器，其中两件大小相同，另一件较小，都有一粒串珠，一端尖卷如涡纹，另一端较平，伸出一条细丝尾柄，串珠后又从中弯曲，尖部折上呈乙形，造型奇异，可能也是少数民族制品，在青海属辛店文化的大通县上孙家寨还出土了金耳环和金贝等。

这些情况表明，在商代我国金银器工艺已经发展到了相当水平，尤其是北方少数民族地区，更是具有自身特点，这一特点，在以后的发展过程中更为突出。

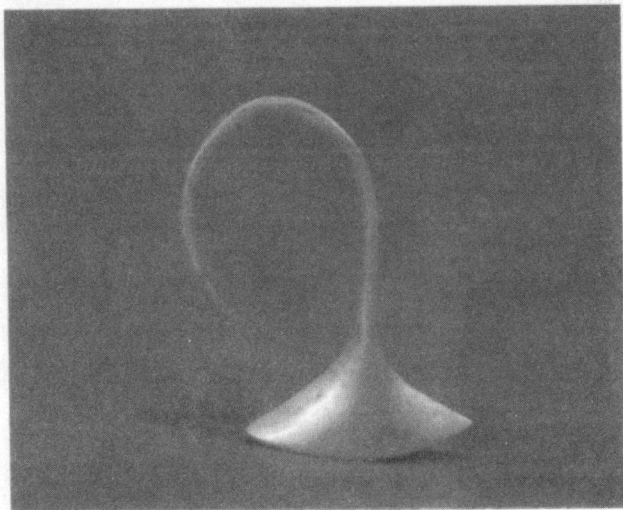

商代金耳环

商朝开始在青铜器上铸造文字

殷商时期，随着青铜器铸造技术的提高和在人们生活中的广泛使用，一种刻在青铜器上的文字产生了，称为金文。金文不仅刻在青铜礼器上，而且还刻在青铜兵器、青铜杂器甚至青铜生产工具上，但刻得最多的是青铜礼器中的钟和鼎，因而又称为钟鼎文。

商代戍嗣子鼎。

商代金文的字体和甲骨文相近，字数较少，形声字比甲骨文多，结构比甲骨文简单，字体仍不固定。金文的内容主要是记载器物归谁所有和纪念的先人的称号，还有的记载了制作青铜器的原因，并附记了年、月、日，少数记有比较重要的历史事实，反映了晚商记事文字有了进一步发展。商代前期的铜器上的铭文一般只有一两个字，多为族徽和其他图形文字，笔

商代宰甶铭文。

道刚劲，有的还出现波磔。目前最早发现的青铜器铭文，是商代二里岗文化期出土的一件铜鬲的"亘"字，其意当为族氏名号。殷墟出土的青铜器铭文中许多是属于族氏标记，如妇好墓出土的铜器上的铭文"妇好""亚启""来泉""共"等。此外，铭文中也出现了祖先庙号的标记，主要见于祭器上，如父某、祖某、母某、妣某等，目的是将祭祀某位祖先的供品与祭祀其他祖先的供品区别开来。如妇好墓中的"司母辛"方鼎，就是祖甲或祖庚专门铸造出来祭祀其母"母辛"的祭器，"母辛"是妇好的庙号。著名的司母戊方鼎也是商王文丁专门用于祭祀自己的母亲"母戊"而铸造的祭器。在商代后期，出现了一些篇幅较长的铭文，笔道多有波磔。现已发现的最长铭文有40多个字。

　　商人在青铜器上铸造的金文，标志着汉字的发展已从甲骨文字逐渐走向金文阶段，对研究中国汉字的发展历史和商代社会经济文化状况具有重要价值，并为周代金文的通行奠定良好的基础。

　　金文象形款识。象形文字是文字发展史上的重要阶段，图为商代铜器上的"龟"字铭文和铜器上的象形款识。

中国青铜文化全盛时代开始

中国古代青铜技术在商代晚期进入鼎盛阶段，夏、商、周是人类青铜文化史上至为光辉灿烂的时代，中国在金属冶炼、铸造以及合金技术、加工技术、热处理和表面处理技术等方面都取得了极其伟大的成就。世界著名科学史家李约瑟（Joseph Needham）博士说："没有任何的西方人能够超过商、周两代的青铜器铸造。"

商代铜器可分为早、中、晚3期。早期以河南偃师二里头遗址晚期所出为代表，年代上限相当于成汤时期，器物较少，器形有爵、斝、戈、刀、镞、锥、锛、凿等。礼器种类单调，胎质薄，铸造粗，无花纹，无铭文，但有的铜牌饰以绿松石镶嵌出纹饰，有较高的工艺水平。中期以郑州商代遗址和黄陂盘龙城遗址所出为代表，年代大致在仲丁至盘庚迁殷以前。铜器所出较多，其中礼器种类有鼎、鬲、簋、瓿、爵、斝、卣、罍、盘等，种类比早期大大增加，而胎质一般

夔纹单柱爵

仍较薄，只有单线条的花纹带。但其中也有像郑州发现的高达1米的方鼎那样需要相当高铸造水平的大型器物。晚期以安阳殷墟所出为代表，年代从盘庚迁殷至商末。此时铜器发展到极盛阶段，数量很多，年代也较可靠。这个阶段的中期最富自己的特点，以妇好墓所出铜器为代表，有很多新的器类，器形也更丰富多姿，礼器一般都较厚重，花纹繁缛，并开始出现铭文。

按用途来分，商代铜器有礼器、食器、兵器、工具、车马器等几大类，其中以礼器为重。礼器又分为食器（鼎、鬲、甗、簋等）、酒器（觚、爵、觯、尊、壶、斝、卣、觥、罍、盉、瓿、方彝等）、水器（盘）等。不同的发展阶段，器形和花纹都有明显差异。如礼器在早期只发现爵、斝两种，爵多为束腰、平底、短足、无柱、无纹饰；在中期爵则没有明显束腰，三足也较长，铜礼器普遍有饕餮纹或圆圈纹等带状纹饰；在晚期，出现有妇好墓出土的三连甗、偶方彝等稀世罕见的器物，还有鸮尊、四羊尊、虎食人形卣等鸟兽形铜器，器体厚重、纹饰复杂，有雷纹、夔纹、龙纹、蝉纹、鸟纹、蚕纹、龟纹等多种，往往布满全器，有地纹、主体纹之分。都具有很高的美术价值。

其他铜器中，乐器有铙和鼓；兵器有钺、戈、矛、刀、镞、盔和弓形器等；工具有斧、锛、凿、铲、锥等；车马器有軎、辖套、踵、轭、镳等。另在妇好墓发现有圆形、背面带半环形钮的铜镜。

商代铜器主要有铜、锡和铅等金属成分，时期不同、器类不同，这三者所占比例也不同。早

商代九象尊

商代铜鼓

商代人面鼎

商代人面钺

商代司母戊鼎

期铜占 90% 以上，有的锡仅占 1%，中期锡、铅比例分别为 5%~8%、1%~6%，有所增加，晚期则以铅替锡的趋势更明显。

妇好墓时代以后的铜器上开始出现铭文，少则几个字，大多是族徽图像、人名或父祖名，多则三四十字，内容大抵是因赏作器，还有征伐、祭祀等内容。

在商代各门类美术作品中，居于主导地位的是以青铜器为主的工艺美术，青铜器艺术的造型和装饰手法对其他工艺美术门类有重要影响。商代后期，青铜器造型逐渐定型化并发展成为多种造型系列。商代艺术家所创造的鼎、尊、瓿、爵等青铜礼器高度完美的造型在中国工艺美术史上具有永久性的典范意义。一些代表性作品如司母戊鼎、四羊方尊、龙虎尊、犀尊、象尊、豕尊，以及各种样式的鸮尊等，代表着这一时代美术创作的最高成就。商代的青铜器铭文和甲骨文字成为中国书法艺术的最早代表。

青铜技术勃兴

夏商时期，中国古代青铜技术由产生和发展，逐步走向鼎盛时期。它的整个发展过程大致可分为三个阶段：一是夏至商代早期的发明期，人们开始有意识地生产青铜器；二是商代中期的发展期，青铜器的生产逐渐大型化和复杂化，并开始走向社会应用；三是商代晚期至西周时期的鼎盛期，这是中国古代青铜器发展史上的第一个高峰，并在社会各生产部门得到极为广泛的应用。

中国古代青铜技术主要体现在熔炼设备、熔炼技术、合金成分、铸造及金属加工技术等等。

熔炼设备主要有两种：一种是坩埚，由草拌泥制成，或以陶质大口尊或夹砂陶缸为胎，内外涂草拌泥；另一种是竖炉，包括化铜竖炉和铸铜竖炉，其中化铜竖炉由泥条盘筑而成，

商代龙虎尊虎噬人浮雕

铸铜竖炉由泥圈叠成，炉缸上部有多个风口。

　　熔炼技术在当时基本上是采用内加热技术，即把金属块和燃料一并投入容器坩埚或竖炉中点火加工，同时坩埚从上部、竖炉从下部通过风口送风，使燃料充分燃烧。通过熔炼，可除去金属块的杂质，使金属块变成液态，便于浇铸，并配制出适当的合金成分。

　　合金成分的选择及配置在古代青铜技术中占置着重要的地位。商代中晚期，中国发明了铜——锡——铅三元合金；东周时期则产生了著名的"六齐"合金规律。

　　中国使用最早的青铜器铸造是石范铸造，大约出现在夏代。它使用次数较多，但不易加工，且不耐高温，故进入商代中期后，很快便被陶范所取代。陶范的铸造方法包括浑铸法和分铸法两种，在中国古代青铜铸造中占有重要地位，一直影响到以后的春秋战国时期。除了石范和陶范，在春秋中晚期还出现过失蜡法和全型铸造等铸造法。

　　青铜器的铸造操作简单，成形方便，但在制作一些强度要求较高的小型壁薄的器物时却难以成功。东周之后，先后出现了一系列的金属加工技术，来改善这个现状，包括青铜器的热处理和外镀技术，热处理技术包括退火

商代青铜双面人像

商代戈卣兽面浮雕纹饰

和淬火；外镀技术包括外镀铅锡和外镀金银。

随着青铜技术的发展和繁荣，以及青铜器的普遍使用，在历史上出现了以青铜器艺术为主导的工艺美术，我们称之为"青铜文化"。青铜器艺术主要表现在青铜器的造型、纹饰及艺术表现手法上。

青铜器艺术在其发展过程中逐渐形成多种造型系统。首先，青铜酒器包括爵和觚，爵有卵圆形腹，腹侧有可供把握的鋬，爵口沿上有双柱，前有流，后有尾。觚是由上下两个相背

的圆锥体相接而成。其次，青铜器炊食器中富有代表意义的鼎，在不同的历史阶段有着不同的造型。商代到西周初期，鼎以圆腹鼎和方鼎为其主要造型。到西周时期，鼎则流行圆鼎的造型，基本特征是圆腹、立耳、柱足，鼎耳宽厚，腹部上端微内收，下部略为凸出，体积感很强，整体很庄重、和谐。除酒器和炊器外，青铜器造型还包括当时的水器、乐器及兵器造型等等。

青铜器艺术中的纹饰在工艺美术中也具有不凡的地位。其主要纹饰包括商代的饕餮纹、夔龙纹、云雷纹等，商代

波浪纹饰

后期到西周初期的风鸟纹等动物纹，和西周中期的窃曲纹、波纹等。

青铜器技术的出现及发展，正是中国历史从原始部落向奴隶制国家的转变时期，并且青铜器是作为一种礼制器具而出现的，由此形成一系列的"青铜文化"如青铜雕塑、工艺美术及金文。因此，研究青铜文化，对研究国家的形成、礼制的兴起及以后的中国工艺美术发展史，都具有一定的意义。

商代司母戊鼎耳虎噬人头浮雕

周人始用陶瓦

西周初期，陶瓦出现。在西周早期的遗址中，人们发现，周人在建筑房屋时已经使用陶瓦，但数量比较少，只用于屋脊和屋面，无筒瓦、板瓦之分。瓦片上仰面和俯面分别很清楚，两面分别有陶钉或陶环，背面饰有绳纹，青灰色。

西周中晚期，陶瓦的使用扩展到全屋顶。从陕西扶风出土的西周晚期遗址中发现，这时的陶瓦一是数量多，遗址中留有大量的瓦片堆积；二是种类多，有板瓦、筒瓦、大板瓦，还出现了一种面饰绳纹充地龗龡纹小筒瓦和头带素面的半瓦当。陶瓦有大有小，形制不一；三是瓦面上饰有精致的花纹，有回曲纹、绳纹、龗龡纹等，呈青灰色，反映了周人已把陶瓦的使用和美观

西周瓦当。西周早期大型宫室建筑已全部用瓦，同时也出现了瓦当。

有意识地结合起来。

　　瓦的发明是在制陶工业进一步发展的条件下建筑材料的一个重大改革，也是中华文明发展的必然产物。陶瓦的出现，解决了房顶的防水问题，提高了人们抵抗自然灾害的能力，也促使中国建筑脱离了"茅茨土阶"的原始简陋状态而进入了比较高级的阶段。

西周建筑遗址瓦件，瓦分板瓦和简瓦两种。

珐琅器工艺发源

　　至今为止，已知的我国最早的一件珐琅工艺品是藏于日本正仓院的唐代银胎金掐丝珐琅器。由此推算出我国掐丝珐琅工艺起源于唐代。但唐以后的三四百年间的珐琅器又未曾见到。一直到明初，曹昭在《格古要论》一书中首次著录了珐琅器的渊源、特点、用途等问题，成为今天研究我国古代珐琅器唯一的文献资料。所以，关于我国珐琅器工艺起源问题，还需要由唐、五代、宋时期掐丝珐琅器的发现来证实。

　　珐琅又叫"佛郎""发蓝"。珐琅器工艺是珐琅工艺与金属工艺的复合工艺。制作珐琅器是先把石英、瓷土、长石、硼砂及一些金属矿物进行粉碎制成珐琅粉，加以熔炼，然后涂饰在金属胎上，最后焙烧冷却。有的珐琅器还需磨光或镀金。珐琅器工艺在西方有着悠久的历史和杰出的成就。

穆王征犬戎·造父献八骏

西周穆王元年（前976年），昭王之子穆王满继位，在位长达五十五年。他好大喜功，仍想向四方发展。穆王十二年（前965年）曾因游牧民族戎狄不向周朝进贡，西征犬戎，获其五王，并把戎人迁到太原（今甘肃镇原一带）。

穆王好游行，致使朝政松弛。东方的徐国率九夷侵周，

西周驹尊。铭文记器主在周王执驹时受赏。

甚至西至河上。穆王南征，通过联合楚国的力量，才得以平定。

造父是赵国的始祖。造父的先人以擅长养马驾车而著称，中衍曾为商王大戊驾过车。造父受宠于周穆王，因而精心挑选八匹毛色相配、力量整齐的骏马，加以调驯，名为"骅骝""绿耳"等，献给周穆王。穆王乘坐八骏马所驾之车，造父为驭，西行至西王母之邦，乐而忘返。

后世流行穆王西征的故事，如晋代汲冢出土战国竹简《穆天子传》所载，虽多不真实，但反映了当时穆王意欲周游天下，以及与西北各方国部落往来的情形。

西周青铜器及金文鼎盛

　　青铜器早在夏朝就已出现，经过商代的发展，到西周时已达到它的巅峰状态，青铜器已进入社会各个阶层和生产部分，并得到广泛的应用。从考古发现来看，西周时的青铜器，无论从数量，还是从分布区域，均远远超过了商代。东起两周东都洛阳，西到宝鸡，包括曾做过两周都城的丰、镐，北抵东北，南至长江流域的现四川、云南地区，均有大量的青铜器考古发现。

　　西周初期青铜器的特征，基本上是商代青铜器的翻版。如簋的方座、鼎、卣、方彝等器物上突起的扉棱，西周初期青铜器对商代青铜器传统的沿袭特别表现在纹饰方面，基本上继承了商末青铜器花纹缛丽的作风，如 1976 年在陕西扶风出土的方彝，通体纹饰缛丽，有三层花的饕餮纹、双身一首龙纹和小立鸟的夔纹等。此外，西周初期的青铜器纹饰依然将很多动物纹饰有意地组合在一起，构成相互追逐、戏耍的场面，富有凌厉的色彩。

　　西周中期，青铜器纹饰逐渐改变初期对商代传统的沿袭，逐渐出现写实性的窃曲纹和波纹，

西周人形铜车辖

西周方彝

将早期纹饰中以动物的神秘图形为主的花纹加以分解，削弱其神话意义。这可能是当时礼制的宗教色彩有所减弱并走向仪式化的倾向在艺术上的表现。

西周时期青铜器具包括酒器、饮食器及乐器等。酒器主要以壶为主，有方、圆两种，束颈、鼓腹、有耳、圈足、多数有盖，代表作有颂壶和三斗癍壶。炊器以大鼎为主，圆腹、立耳、柱足、鼎耳宽厚，腹部上端内陷，下端略凸。

青铜器在动物雕塑上的体现也基本与青铜器的变化类似，早期基本沿袭商代作风，后来才开始慢慢向写实方向演变，如辽宁喀左旗马厂沟出土的鸭尊纹饰单纯，陕西郿县李村出土的盠驹尊，均具有强烈的写实倾向。

随着青铜器的产生和发展，人们逐渐在青铜器上铸造和刻凿铭文，这就是所谓的"金文"，又称"钟鼎文"。金文最早出现在商代，在商王帝乙、帝辛统治时期，有了初步的发展，开始在青铜器上铸造十几个字乃至几十个字的铭文，内容涉及具体的历史事件及人物的活动，目的是为了祭祀祖先，同时传给后代，作为永久的纪念。西周时期，金文也发展到了鼎盛时期，每篇铭文的字数远远超过商代，内容也广

西周师㝅鼎

西周蟠龙盖

为扩展，涉及册命、赏赐、征伐、诉讼和颂扬祖先功绩等等。

西周金文的发展过程基本上可分为三个阶段。早期金文类似于商代金文，字数较少，内容依然以颂赞祖宗功绩为主，如成王时期的《眉县大鼎》等。这一时期历经武、成、康、昭四位皇帝。中期金文以穆、恭、懿、孝四位皇帝统治期为时间段，篇幅开始加长，风格也一改早期的波磔且肥笔的字划，转而变得均匀、圆润、饱满、结构简单，较为质朴。如孝王时期的《大克鼎》等，到夷、厉、宣、幽四世，西周金文进入到它的高峰期，笔划均衡对称，波磔消失，并开"篆"之端。如宣王时期的《毛公鼎》，字划圆劲、气势强雄，铭文也多达四百九十字之多。

金文所记载的内容，涉及广泛，包括赏赐、征讨、诉讼、册命及颂扬祖先功绩等等，如昭王时期的《令鼎》，讲述的是令参加周王的藉田礼，担任王室车队先导，因功劳大而被赐予臣仆30家。厉王时期的《朕匜》讲述的则是牧牛宜与朕打官司，被施以鞭刑的事，金文中记载最多的还要数战争事件，几乎包括所有西周时期内外战争。

金文的出现及普及，反映了西周到

西周太保鸟卣

春秋 600 年间中国文字的使用情况，由于当时一些其他的语言文字如石鼓文和简牍帛书不易保存至今，故金文对于我们现在研究西周春秋时期语言文字的演变，具有很大的帮助。

大克鼎铭文

刺绣工艺产生于周代

西周方格彩毯。彩毯为深褐色地，上以红、蓝、白三色毛线织成方格纹。

刺绣是中国古老的手工技艺。《尚书·益稷》记载虞舜时就用五彩缔绣作礼服。什么是绣，古人和今人在概念上有所不同。今人谓绣，是指以绣花线在纺织物上绣出花纹；而古人谓绣，也包括五彩的画缋在内。

在原始社会，人们用纹身、纹面、纹缋服装等方式来美化生活。但服装上纹缋的花纹，毕竟会在运动中磨擦时剥落毁损。后来人们乃渐知绣，用丝线将花样绣在衣服上既美观又牢固。周代《诗经·秦风·终南》中"黻衣绣裳"，《豳风·九罭》中"衮衣绣裳"等诗句，说明西周已出现了刺绣这种工艺。《考工记》记载周代官府"设色之工"中的画缋，也包括刺绣在内。

西周时，绣是"人君后妃"之服或"天子之

辫子股刺绣印痕

服"，其他人是不能越级服用的。当时列国诸侯间也常以高贵的锦绣作为相互馈赠的礼物。春秋战国时期，随着列强兼并，政治斗争剧烈发展，诸侯间的政治交往日益频繁，生活享受日益奢侈，刺绣的产量也不断提高。《史记·苏秦列传》记载苏秦说赵，赵王"乃饰白乘，黄金千镒，白璧百双，锦绣千纯，以约诸侯"。当时贵族厚葬之风盛行，按礼制规定，诸侯之棺，如衣绨绣。甚至楚庄王有爱马，也以文绣为衣。可见刺绣数量较多，而且价格相当高。

辫子股刺绣印痕。这是强伯妾倪墓室第二层淤泥上残留的刺绣印痕。从印痕可见，这种刺绣，系先用黄色丝线在染过色的丝绸上绣出纹样的轮廓线条，再以毛笔蘸色在花纹部位涂绘大块颜色。色有红、黄、褐、棕四种，其中红色为天然朱砂（硫化汞），黄色为石黄（三硫化二砷和硫化砷），用这两种矿物颜料加入粘着剂以后涂染织物，有一定牢度，色相也非常鲜明。其他颜色系植物染料所染。

螺钿漆器工艺产生

　　螺钿漆器工艺产生的时间，有不同的看法，有认为产生于西周；有人认为螺钿镶嵌技术在南北朝时已能运用，到中唐时朝就达到成熟的阶段。但从琉璃河漆器的发现说明前一种看法是有所根据。

　　1981年至1983年在北京琉璃河燕国基地12座基葬中发掘出来的豆、瓠、罍、壶、簋、杯、盘、俎等多种木胎漆器。漆豆则是褐地朱彩。豆盘上用蚌泡和蚌片镶嵌，与上下的朱色弦纹组成装饰纹带；豆柄则用蚌片镶嵌出眉、

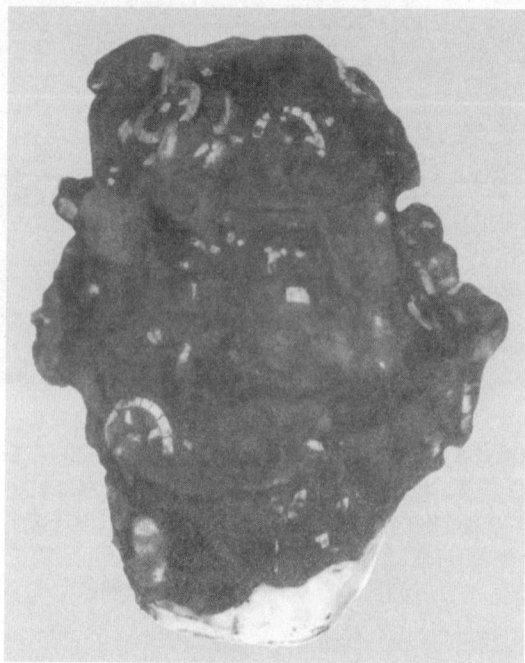

西周彩绘兽面凤鸟纹嵌螺钿漆垒

目、鼻等部位，与朱漆纹样合成饕餮图案。喇叭形的瓠身上除了由线雕的三条变形夔龙组成的花纹带外，上下还贴有金箔三圈，并用绿松石镶嵌。漆罍的装饰纹样最为繁缛。除在朱漆地上绘出褐色的云雷纹、弦纹等纹样外，器盖上还用细小的蚌片嵌出圆涡纹图案，颈、肩、腹部也用很多加工成一定形状的蚌片，嵌出凤鸟、圆涡积饕餮的图形。此外，在盖和器身上还有附加的牛头形饰件，器身中部有鸟头形器把。这些鸟兽形象的附件上也用蚌片镶嵌，使牛头和凤鸟的形象更加突出。而镶嵌用的那些蚌片表面光滑平直，边缘整齐，蚌片之间接缝十分紧密。当时蚌片的磨制和镶嵌技术都已达到相当的水平，绝非螺钿初始阶段所及。说明我国的螺钿漆器可以上溯到西周。

西周漆器自本世纪三十年代以来，在河南、陕西、湖北等省不断有所发现，可惜也大都残坏。1933年在西周卫国墓中发现蚌泡，因出土时多环绕在其他器物的周围，意识到蚌泡是其他器物的饰物。20年后在陕西长安普渡村西周一号墓发现围绕在陶器周围的蚌泡，上面留有附着的漆皮。由于漆皮有折皱和重叠，推测漆皮里面原有一层木质或编织的"腔"。所谓"腔"，实际上就是漆器的胎骨。

商周青铜生产工具发达

青铜制造业在中国的商、周时期达到全盛阶段，青铜生产工具日趋多样化，主要品类行针、锥、刀、钻、铲、锯、削、斧、铲、锄、镰、锸等，分别用于农业生产、手工业生产和建筑。

农业生产工具是从事农业生产劳动的重要手段，代表农业生产力的发展水平。从夏、商到周，中国农业生产工具经过飞跃性的改进，经历一个由木石至青铜的发展过程。商代的农具为斧、镰、铲、锛等，从质料上看，青铜农具数量较少。西周农具品类较商代有所发展，从《诗经》等文献资料和出土文物中可知，有耜、钱、镈、铚、艾、刀等。湖北黄陂盘龙城、随县、河南安阳大司空村、山西保德、石楼县、江西都昌等地商代遗址中出土青铜斧19件。郑州南关商代青铜器作坊出土斧、斨、刀、镈、凿、锥等生产工具，斧、斨能用于手工业生产也能"伐草木为田以种谷"，镈则专为农具。殷墟妇好墓出土农具16件，其中青铜铲7件。在陕西临潼零口的一个西周窖藏中发现10多件铜镬和铜铲。青铜农具生产和使用的最高峰是在春秋时期，虽然其形制和种类没有超出商和西周，但其数量和质量今非昔比。侯马晋国遗址出土几千块铸造青铜工具的陶范中，镬、斤类等农具的陶范占90%以上，这是黄河流域生产工具的代表。而长江流域使用青铜农具更普遍，在当时吴、越国地区内都出土了锸、锄、镰、斤、耨等农具。这一地区出土的锯镰（或称齿刃铜镰）制作科学，用钝后只要在背部稍打磨，便又会锋利，它是近代江、浙、闽、鄂等地仍在使用的镰刀的祖型。治铸业以农民个体家庭"人而能为镈"的小手工业形式存在，反映出青铜农具使用的普及。当然石、蚌、竹、木制农具在农业生产中仍起着不可替代的作用。

西周调色器。此器出土时内有矿物粉末，可证明其用途。

手工业生产工具在青铜时代也在不断发展和改进。迄今已发现商朝早期遗址中留下的青铜器工具达30件，种类有镞、锛、凿、刀等。四坝文化仅1976年在玉门火烧沟312墓中就出土了200多件青铜器，主要是刀、斧、锥、凿、针等手工业生产工具。这些工具的特点有：一是种类和数量增长，形制复杂；二是青铜工具含锡量明显提高；三是锡青铜和铅青铜器在手工业生产工具中占80%，这些是我国进入青铜时代的主要标志。

商周时期建筑工具类的青铜器有四种：一为斧、镬、锛，主要用于挖土；二为铲类，属挖土工具，河南安阳大司空村出土的一件完整的铜铲，其形状与现代的铲相同，另外两件铜锸与铲的功能相同，同属铲类；三是凿，与近代凿相似，截面成梯形用于竹木加工；四是钻和锯，钻是穿圆孔工具，锯是剖截竹、木、骨、角材料的用具，在安阳殷废墟、黄陂黄龙

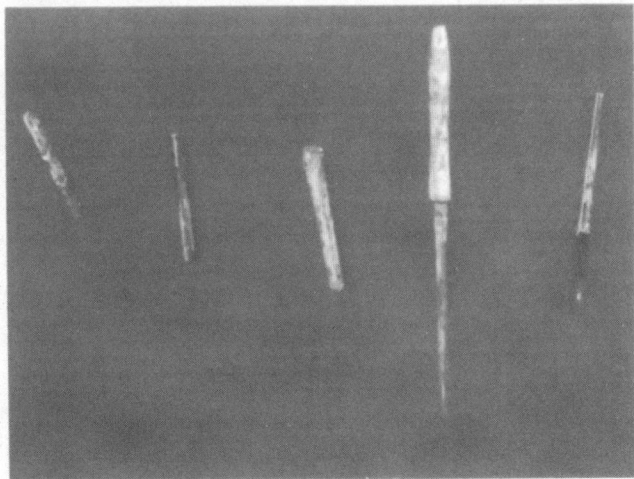
西周青铜三棱针。分柄、器身两部分。据专家鉴定，是用于放血、排脓的外科手术器械。

城、历城大辛庄等商周遗址中均发现铜锯，可见青铜工具在建筑业中得到广泛使用。

商周时期共出土青铜生产工具4000件以上，长江流域和黄河流域均有发现。到春秋晚期和战国时代，由于冶铁业的发展，各种青铜生产工具逐渐被铁制工具所排挤，农具、手工业生产工具、建筑用的工具进入一个新的时代。因而商周青铜生产工具的发达在中国文明史上起着承上启下的作用。

商代铸铜陶范。商代的铸造技术已十分发达，从这些精细的陶范即可见一斑。

西周康侯斧。上端有突起的缘，侧有一系环。上有铭"康侯"二字。刃近圆形。斧共两件，或称为钺，但斧的方向与钺不同。

中国原始瓷器产生

瓷器是在制陶工艺水平不断提高、长期积累经验的基础上产生的。与陶器相比要求复杂的工艺，更美观也更耐用。我国是世界上最早发明瓷器的国家。我国的原始瓷器产生于周期。

经过夏商时期的发展，中国古代制陶技术在周代发展到新的高度。在灰陶、白陶进一步发展基础上，又发明印纹硬陶和原始瓷器。灰陶是指采用易熔粘土为原料的泥质陶和夹砂陶，在周代已被人们广泛使用。白陶在仰韶、大汶口、偃师二里头

西周原始瓷尊

等遗址中有被发现，殷商时白陶技术达到极盛阶段，西周后因印纹硬陶和原始瓷的发展而日渐少见。原始瓷始见于商代中期，尔后产量呈不断上长趋势。如吴越文化遗址一期所出釉陶占总数的3.84%，原始瓷仅占0.23%，二期釉陶占3.87%，原始瓷占1.21%，到了三期文化，釉陶便升至16.6%，原始瓷升到12.6%。

西周原始瓷带柄壶。底淡棕色，小口、斜肩、短颈、鼓腹。从颈至腹密饰弦纹。

西周青釉弦纹索耳盂

西周原始瓷三系罐。釉极薄，黄褐色，直口、短颈、鼓腹、圈足，肩有三横系。肩腹遍饰弦纹。

原始瓷器的原料在产生初期的周期主要是瓷石、高岭土，选择、加工是就地取材。原始瓷在西周时多用泥条盘筑法，外表经过修理，很少留有痕迹，到春秋战国，南方不少地方彩陶车拉坯成形，胎质较薄，壁厚亦较均匀，河南郑州出土的原始瓷尊，高 11.5 厘米，口径 18.5 厘米，胎质为高岭土，器表涂有一层青釉，烧制火候达 1200 度以上，质

西周原始瓷划水波纹双系罐。造型特别，敛口，腹径棱角凸出，由口沿斜延至腹径。肩部安两小横系。釉呈米黄色。肩饰水波纹及弦纹。

地致密坚硬，吸水性弱，已具备瓷器的基本特征。原始瓷器从选料、成形、施釉到烧制，都比较原始，故不管胎还是釉，质量与真瓷都存在一定的差距，但它毕竟是真瓷的前身，它的产生是个伟大的起点。

钟发源

钟在古代被称为"声之主",《周礼·春官》已记载古时有钟师的官职,"掌全奏。凡乐事以钟奏《九夏》……凡祭祀、飨食奏燕乐,凡射……,掌鼙鼓缦乐。"《诗经·关雎》已有"钟鼓乐之"语。马承源主编的《中国青铜器》一书中,对钟有过这么一段陈述。"钟,西周和东周的青铜打击乐器。钟的形式是从铙演化而来,基本形式是在两侧尖锐的扁体共鸣箱上部的平面上,有一个可悬的柄。"宋代薛尚功《历代钟鼎彝器款识》中收录了数枚商钟,但学术界已一致认为这几枚钟有问题,有的应来自战国时期。西周中期,钟才开始大量出现,均为青铜所铸。演奏时或手持铎、铙;或置于座上,称钲,大铙。

《说文解字》说:"钟,乐钟也。秋分音,物种成,从金童声。古者垂作钟。铜,钟或从甬。"这种说法完全不可信。在甲骨文里,没有"钟"这个字,这是不是说钟这种乐器是周人发明的?商代应该已有这类打击乐器,只是当时把它叫"庸"。"庸"甲骨文,从用从庚。在卜辞中也是一种乐器名。如《甲编》六四一片:重祖丁庸奏。

梁其钟。为西周晚期代表作。

意思就是祭祀祖丁时演奏"庸"这种乐器。《诗经·商颂·那》有"庸鼓有斁"句，《商颂》虽然出现年代较晚，但应该还保留下商民族的一些传统语言特点。毛诗《传》云："大钟曰庸。"汉代经师极讲究考证，注解应该可信。而《尔雅释乐》也有"大钟谓之庸"之说。

从音韵方面考察，"钟"，古音属章母东部，这在前面已提过。而"庸"，古音属余母东部，两字是韵母全同，只是声母部位略有不同。另外，《说文》中提及的"钟"又用"鐘"又用"銿"，其声符"甬"与"庸"在古时是完全同音的。而

西周甬钟。舞及篆间饰云纹，鼓饰相对顾首鸟纹，右侧有立鸟。铭文在钲间。年代为西周中期偏晚，甬钟形制特点业已成熟。

古文献中，庸鼓连用的例也不难找到。像上引"庸鼓有斁"名，跟《关雎》"钟鼓乐之"是完全可替换的。这也可做一辅证，证明"钟""庸"只是不同民族对同一乐器的不同称呼。总之，"钟"在西周以前，或更准确地说，在商民族中，被称为"庸"，所指的该是单个的打击乐器，亦即大铙。称为"钟"或"庸"，都是模拟这种乐器的声响。这种乐器在后代有所发展和演进。

"钟"在西周中期（恭王）以后，才越来越普遍。但是，从西周中期到春秋末期，钟在形制上有所发展。这主要和音乐知识的提高有关。

从铭文上的自名看，西周中期以后，"钟"的主要称谓有"龢钟"和"林钟"两种。有时也称"宝钟"，相信只是一种泛称。但春秋以后，"林钟"这种称谓已不再用。"龢钟"还不能如某些专家所说，指一套套的编钟。虽然，

被自名为"林钟"的器往往不止一枚。但我们现在称为"编钟"的,主要是从音律的观点出发的。也就是说专指一套包含不同音阶的乐器钟。假如"林钟"的概念指的是一套套的钟,我们就很难解释为什么有些称为"林钟"的,却只一枚?如《师㝅钟》。当然,"龢钟"或"宝钟"也有数枚的。我们认为称作"龢钟"主要是取相协之意,这当中包含古人对音乐审美的要求。

春秋时期,在南方楚、吴、越一带,"钟"的名称较独特,相信是受到方言的影响。比如称"鶸钟"(《者减钟》)、"訶钟"(《蔡侯钟》)。而在齐、鲁、秦、晋等广大的地域上,则还是延用"龢钟"之称。到了春秋晚期,连南方的吴、越、楚、徐等地都习称"龢钟"了。

在西周中期,铸钟已有同时铸数枚的套钟,但单个的钟还是较普遍。当时钟的性质应该还局限于祭祀时用作礼器。反之,到了春秋以后,礼崩乐溃,当时铸钟喜尚一组组的套钟,性质已完全为了宴飨诸侯了。《晏子春秋外篇》八记载景公铸大钟,正想悬挂起来,适逢晏子、仲尼和柏常骞三人来拜见景公,都以为"钟将毁"。晏子的理由是"钟大,不祀先君而以燕(宴),非礼。"这则记载正反映当时的风气已不复虔敬。

春秋早期青铜器

春秋早期青铜器形制和组合与西周晚期基本相同,纹饰也沿袭西周的特点。这一阶段代表器物有山东黄县南埠出土的纪国媵器、河南三门峡上村岭出土的虢国青铜器、湖北京山苏家垅出土的曾国青铜器、山东烟台上夼出土的纪国青铜器、山东历城百草沟出土的鲁国媵器及湖北随县熊家老湾出土的曾国青铜器等。列国青铜器大量增加,超过了王室及其大臣所做的青铜器,开始呈现出多种风格争奇斗妍的新形势。

云纹牺尊,器出自虢墓。西虢原封在今陕西宝鸡,西周覆灭后随王东迁至河南三门峡一带。此尊继承西周动物形尊传统,但造型已有不同。

晋国的青铜器是中原的代表,周、卫、鲁、齐等地的器物风格与之接近。

秦国的青铜器虽然也上承西周的统绪,但由于长期独立发展,形成了自己的一套风格,如陕西宝鸡太公庙的秦公钟、镈,甘肃天水的秦公簋,形制、纹饰都有特点,与东方有别。它们的铭文字体,继承西周晚期的虢季子白盘,也构成独特的传统。

南方的楚国,随着自己的壮大,其青铜器受中原因素的影响逐渐减少,慢慢建立起自己的风格,而且对自己周围各诸侯国起着影响作用。

江淮下游的徐、吴、越三国,青铜冶铸工艺均很发达。特别是徐国的礼

　　侯母壶。壶同出共一对，出自鲁司徒仲齐墓。从墓中青铜器形制看，应属春秋初，某些器物也可能早至西周晚年。此壶造型特异，编织纹类于山东烟台上夼、湖北随县熊家老湾的壶，后者也是春秋初器。

垂鳞纹方彝。此器为最晚的方彝，其形制、装饰尚可看出商至西周方彝的痕迹。夔纹带到此时也成为孑遗。

黄朱枳鬲。鬲与曾侯仲子父同器同出。曾国姬姓，学者多认为即文献中的随国。曾、黄通婚，此鬲系黄人所造。其袋足呈倒圆锥形，有南方的特色。

象首兽纹器。盖器基本同形，均有两兽形耳，两兽形小足，使盖可却置。

器制作精美，吴、越的兵器尤为精良，当时名闻天下。

　　春秋早期的青铜器，在秦以东还是比较一致的，地域虽不同，但组合和形制却多近似，纹饰仍以窃曲纹、重环纹、鳞纹、瓦纹等为主。这是西周晚期风格的延续。青铜器新的发展方向仍在孕育中。

青铜工具大量使用

铁铲。春秋时代文物，陕西凤翔秦公墓出土。

青铜农具比较大量地生产和使用是在春秋时期。在黄河流域中游陕西、山西、河南等省发现的铲、臿、钁、斤等青铜农具，形制和种类虽没有超过商和西周，但数量大大增加了，铸造技术也有很大进步。侯马晋国遗址出土了几千块铸造青铜工具的陶范，其中钁、斤类陶范占总数的80%～90%以上。长江流域使用青铜农具较为普遍，在江苏、浙江等吴、越国地域内都出土了青铜、锄、镰、斤、耨等农具。安徽贵池也出土了一批青铜农具。这一地区出土的锯镰，或称齿刃铜镰，制作十分科学，用钝了，只要在背面刃部稍加打磨，便又会变得锋利。它是近代江、浙、闽、鄂等地仍在使用的镰刀的祖型，是吴、越地区颇具特色的一种农具。当时，冶铸业以农民个体家庭"人而能为镈"的小手工业形式存在，反映出青铜农具使用的普及。

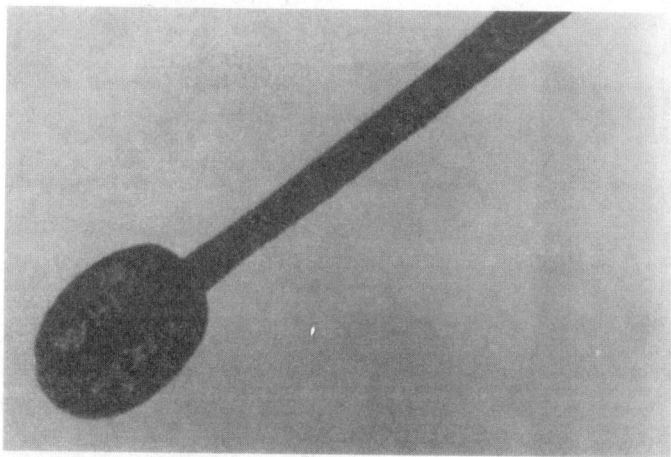

铜勺

莲鹤方壶

　　莲鹤方壶是春秋中期青铜器。其主体部分为西周后期以来流行的方壶造型，有盖、双耳、圈足，重心在下腹部，遍饰于器身上下的各种附加装饰，不仅造成异常瑰丽的装饰效果，而且反映了在春秋时期青铜器艺术审美观念的重要变化。壶身的纹饰为浅浮雕并有阴线刻镂的龙、凤纹饰。有的是以鸟兽合体的形式表现，虬屈蟠绕，布满壶体。圈足上每面饰相对的两虎，器盖口沿饰窃曲纹。壶颈部四面均有龙（兽）形耳，两正侧面作回首反顾之龙形，有花冠形角，体积很大，长度约当壶身高度的三分之二，冠与身躯均有镂空的精美花纹。壶腹下部四角又有附饰的有翼小龙，作回首向上攀附之状。兽角翻卷，角端如花朵形。圈足下有双兽，弓身卷尾，头转向外侧，咋舌，有枝形角。承托壶身的兽，和壶体上所有附饰的龙、兽向上攀援的动势，相互应合，共同在观者视觉上造成壶身轻盈、移动的感觉。

　　壶盖上部为两重骈列的莲瓣形装饰，向四周翻仰，有力地烘托出盖心一只展翅欲翔的鹤。鹤的形象生动真实，为早期青铜器艺术中所罕见，是春秋时期时代精神的象征。其反映了一种新的生活观念与艺术观念，是活跃升腾的精神力量之形象的显现。

南方青铜器形成特色

春秋时期南方的青铜器如羊首鼎、龙形耳、涡纹鼎等与中原青铜器形式不同，但受南方大国楚国的文化影响。

羊首鼎为安徽寿县出土，羊首突出，双角下卷，颈腔与圆腹相连。腹上平盖后有尾下垂，腹下分立三个钩形扁足，尾饰简化夔纹，形制颇为新颖。龙形耳是尊，大口、广肩、鼓腹，两侧有特大的龙为把手，龙回首、张口、曲体，尾外卷，气势雄伟。肩部饰斜角雷纹，腹部饰横条沟纹，圈足饰雷纹，为越族地区的青铜器。涡纹鼎为湖南资兴旧市出土，鼎的形制保留西周的一些特点，但内聚的足则多见于春秋中叶。花纹中勾连形纹，是西周初一种夔纹的遗迹。此鼎与常见的楚鼎不同，是当地少数民族的作品。

夔龙纹鼎，饪食器。此鼎与同时期中原地区的青铜鼎有所不同，具有南方越族的地方特色。

龙形耳（龙耳尊）

兔尊，各酒器。通体为兔形，昂首伫立，蹼足短尾，背呈侈口尊。双足不稳，尾下另设一柱，形成三支点。此器比辽宁出土的兔尊粗精和拙巧颇不相同，是吴越青铜文化仿效西周之佳作。

羊首鼎，鼎侧羊首突出，双角下卷，颈腔与圆腹相连。腹上的平盖后有尾下垂，腹下分立三个钩形扁足，尾饰简化夔纹，形制颇为新颖。与此鼎同出土的器群和江淮间古徐舒之地出土的器群相比，多有雷同之处，甚至疑为一模所出，应为同一族属的器物。颇具南方青铜器的特色。

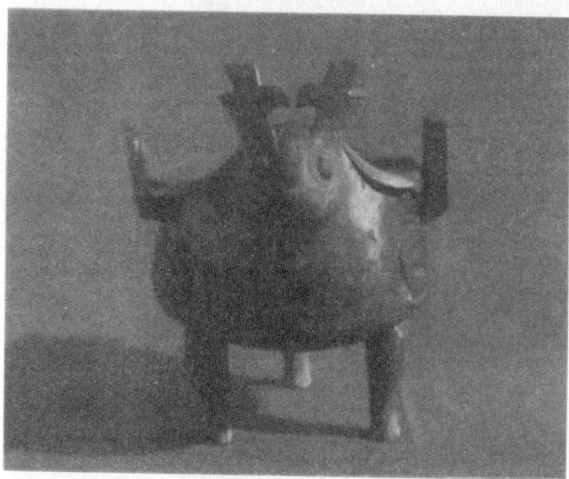

牺鼎，饪食器。此为觥与鼎的合体器物，在觥的本体上附加一对立耳，器连龙首，与觥盖连龙首不同，为当时新出现的形制。盖顶饰波曲纹，器前端做龙首，两侧饰蟠螭纹，中腹饰蟠螭纹带。此种形制奇特的青铜器在安徽江淮之间屡有出土。

春秋时代的建筑铜构件

　　用于横枋与墙柱相连接点上的铜构件或用于横枋中段及端部的铜装饰，在春秋时期已出现，类型丰富。在陕西凤翔春秋时秦国城内一宫殿建筑遗址附近的3个窖穴里发现了64件铜构件，有内转角，外转角，尽端和中段4

蟠螭纹铜建筑构件。秦都雍城遗址出土。从这些精美的铜建筑构件中，我们可以想见当年秦都宫城的巍峨壮观。

春秋蟠虺纹楔形中空建筑构件

蟠虺纹曲尺形建筑构件

种，还有小型转角和梯形截面。在横枋与墙柱相连接的转角处使用的铜构件是曲尺形，在横枋中段与端部使用的铜构件是矩形，铜构件安装于建筑物之后的看面都饰有蟠虺纹，除楔形和小拐角外，有花纹一面的尾部都有锯齿状尾，这些锯齿均经打磨，卯眼大部分有锉磨加工的痕迹。

铜构件在转角处起着提高建筑整体刚性的力学作用，同时又起着装饰作用，位于横枋中段及端部的铜构件，则纯起装饰作用。这种装饰作用对后期宫殿、寺院等高级建筑的木构装饰影响很大。后期的彩画，花纹突出的部位多设在构件交接处，明显地保持了这种金属饰件的意味。小型的转角构件，则是后期门窗隔扇看叶的原型。

另外一种用于建筑结构上较早的铜构件是铜柱锁，对木柱脚的防腐有极大好处。

春秋铜构件，是应用于建筑上比较早的、数量最多的金属，它为后期建筑上的门钉、铺首、看叶、铜铎的使用奠定了基础。

晋国铸铜用的陶范

范是铸造金属器物的空腔器。陶范用经过筛选的粘土和砂配制，高温焙烧，接近陶质。

山西侯马发掘晋国铸铜遗址多处，出土陶范达 3 万多块，包括礼器范、工具范、兵器范。这些范既能铸出精美的花纹，又有较高的强度，耐高温性能好。为使铸件光洁，还在范表面涂黑烟粉、细泥浆、滑石粉等。

用范组合成铸型进行浇铸的方法叫范铸法，春秋时期已有可重复使用的陶范。范铸法具有铸接、铸焊、铸镶等多种工艺型式。

镶嵌工艺广泛流行

镶嵌工艺，是在青铜器表面铸出浅槽形的图像，然后用异色金属或宝玉石镶嵌，制作成剪影式的图像。春秋中期开始，嵌红铜的器物较普遍使用，有些是透嵌的，从器壁两面都能看见，应该是在范铸时将预制的红铜纹饰铸入的。春秋晚期蔡侯墓所出土的7件镶嵌红铜纹饰的敦、豆、缶、方鉴、盘等器物，都是以龙纹与菱形纹相间排列的。

到战国以后，图形内容增繁，出现多层排列、人物众多的画面。这种图像装饰的青铜器以壶类为最多，还有鉴、豆等类器物，其代表性作品有故宫

镶嵌狩猎画像豆，春秋盛食器。

博物院所藏的宴乐渔猎攻战纹壶。湖北随县擂鼓墩出土的一批战国早期青铜器（入葬年代约为前433年）中，镶嵌工艺普遍运用，多有嵌有绿松石的龙纹豆。洛阳金村墓葬群出土的鼎、簋、敦、壶、皿等，错金银器居多，错金亦是镶嵌工艺之一种，其中还有更华丽的装饰，是在错金银的壶上加嵌琉璃，色彩斑斓，增加了富贵气息。河北唐山贾各庄出土的嵌红铜狩猎纹壶和山西浑源李峪出土的嵌红铜狩猎纹豆，都饰以狩猎纹，是这一时期的流行纹饰。

镶嵌龙纹方豆，春秋盛食器。

晋国青铜器

晋国的青铜器，在美术和工艺上一直是比较先进的。晋姜鼎，器主是晋文侯的夫人晋姜，作于晋昭侯在位时期（前745年—前740年）。此鼎附耳、浅腹、折沿，腹饰波曲纹，是典型的春秋初期的风格。侯马曾是春秋时晋国的都城，侯马上马村13号墓出土有大量精美的晋国青铜器，共出器物180多件，组合为鼎、鬲、甗、敦、簠、钾、方壶、鉴、盘、匜等，并有编钟及石质的编磬以及戈、矛等武器，多为春秋中、晚期之交的青铜器。侯马窑址出土陶范多达3万余块，是研究晋国青铜器器类、风格和工艺的重要材料。其中属于早期的陶范纹饰较简素，以平面的蟠螭纹、绚纹为主，与晋公蟊上细密的平面蟠螭纹正相合。晋公蟊作于前537年，代表了春秋晚期的风格。晚期的陶范多有浮

邵钟。春秋乐器。

雕状纹饰，有的非常复杂
富丽，与相传出土于河南
辉县的一对赵孟壶和一对
智君子鉴上的纹饰风格相
同。赵孟壶铭文记与吴王
会于黄池，事在前482年。
智君子鉴上的浮雕状纹饰
比赵孟壶更为发达，时代
当更晚，铭文中的"智君
子"可能就是前453年被
韩、赵、魏所灭的智氏末
一代智瑶。因此，这种浮
雕状纹饰当起于前500年
左右的春秋末期，盛行于
战国前期。晋国青铜器铸
作工艺在春秋列国中居有
领先地位，侯马出土的陶
范上的嵌错图像和浮雕状
纹饰，显示了晋国青铜器
铸作工艺的先进。

蟠龙纹方壶。春秋中期文物，山西省侯马市上马村出
土。侯马曾是春秋时晋国都城，出土有大量精美的青铜器。

错金工艺

　　错金是中国传统的金属表面装饰方法，是把黄金锤锻成金丝、金片，镶嵌在金属器物表面，构成各种花纹、图像、文字。

　　春秋中期偏晚的时候，青铜器上错金的技艺开始出现。这种技术是南北

　　错金豆。此豆错金纹饰颇为华美。盖顶有捉手，器两侧为环耳，短校。盖顶均饰错金变形夔纹。足上饰错金垂叶纹，缘以斜角云纹。

同时采用的，晋国的栾书缶有错金花纹，器面上还有错金铭文40字，堪称这一先进工艺的代表作。

错金装饰不只用于当时尚有遗留的传统花纹，有些青铜器上，铭文也被视作装饰内容而用错金手法来表现。

到了战国时期，错金工艺水平更加提高。

洛阳金村出土的错金银礼器，特别引人注目，器物有鼎、簋、敦、壶、皿等种类，都满施错金银的云形花纹，黄白相间，异常绚丽可喜。这一类云形纹盛行自战国中期，后来演变成延长宛转的云气纹，反映出一种新的意识和风尚，与神仙思想的流行有关。

河北平山中山王墓墓葬年代约前308年左右，出土的错金银器较多，其中最精巧的首推一件龙凤方案。案面下有四鹿承托一圈，上面立有四龙四凤，互相交错，极见匠心。

错金工艺的出现，增加了富贵气息，为青铜器的装饰增添了一种新的手法。

耦耕逐渐消失

耦耕是战国之前普遍实行的以两人协作为特征的耕作方法。当时因生产工具、技术较为落后，许多生产活动均非一人所能独立完成，故需协力合作。古书中有关于耦耕的明确记载，如《诗经》中有西周时往往"千耦其耘""十千维耦"。《国语·吴语》说："譬如农夫作耦，以刈杀四方之蓬蒿。"这些记载说明耦耕在农出劳动中的重要性。《论语·微子》："长沮、桀溺耦而耕"，表明春秋末年尚保留耦耕。

由于各种农田劳动都要求协作，就需要在劳动之前对劳动力加以组合，一般是在岁末由官吏来主其事，《吕氏春秋·季冬纪》载有"命司农计耦耕事"。

战国时因生产力的提高，牛耕方式逐渐推广，耦耕不复存在。

吴国改造铜矛

　　由商代的阔叶铜矛演变为战国的窄叶铜矛是中国兵器发展的重要一环，矛头的窄瘦锐利大大提高了矛的杀伤力，使其效力倍增。战国定型的窄叶铜矛在西汉改为同钢铁制造，并发展出槊、枪等变体，成为中国冷兵器时代最主要的单兵格斗武器。

王子午鼎

河南淅川下寺出土的王子午鼎是春秋中期器物。作器者为楚令尹王子午（字子庚）。此鼎纹饰极其华美，多用浮雕、立雕技法，是当时楚器的新风尚。

器铭14行，共84字，盖上另有铭文4字。这体现了春秋中期，南方青铜器文字开始装饰化。

王子午鼎，春秋中期饪食器。侈口，束腰，平底，三蹄足，口两侧斜出双立耳。盖凸，中有环形钮，钮外区有窃曲纹两周，上置铜匕一件。口沿旁攀附构形复杂的龙，器身满饰半浮雕夔龙纹、窃曲纹和云纹。此鼎形体雄伟，装饰华美，多用浮雕、立雕等技法，又有长篇铭文表现了当时楚器的新风尚，为楚国重器之一。

青铜器上的铭文或称金文、钟鼎文。与后来的籀文、小篆属于同一文字体系，为篆书之源。青铜器铭文是在铸造器物过程刻写、铸造出来的，具有一种特有的浑厚、凝重的审美效果。

从书法艺术角度看，这一时期的青铜器铭文表现出两种相反的艺术倾向：一方面是比以往更加注重用笔的轻重、起落变化和结体的避就、衬托呼应，表现了书法艺术的进一步成熟；而另一方面则是过分地追求装饰性，出现了鸟虫篆、蝌蚪书，发展成为美术字。

鸟虫篆流行于楚、吴、越等地区，如（吴）王子于戈铭、楚王畲璋戈铭等，笔划缪屈增繁，局部作鸟的形态。楚王畲肯盘笔划细长，起住笔和转折处增肥如滴水之形，后世称之为"蚊脚书"。王子午鼎铭就是这类铭文中极端的例子，求奇务变，终至流于怪诞。

鸟虫篆之类的美术字体作为器物的装饰在书法艺术上没有得到后人的首肯，被视为旁门左道。

长剑出现

　　青铜剑在春秋时期即已出现，但剑身较短，车战中只是用于佩带，做近战防身武器，并被贵族用为日常佩饰，不是野战兵器。春秋晚期的吴越地区首先开始铸造长剑，而且形制趋于统一化、规范化，成为成熟格斗兵器，在步战中大量使用。剑从此在相当长的时期内成为中国步兵、军官和官员的制式武器。

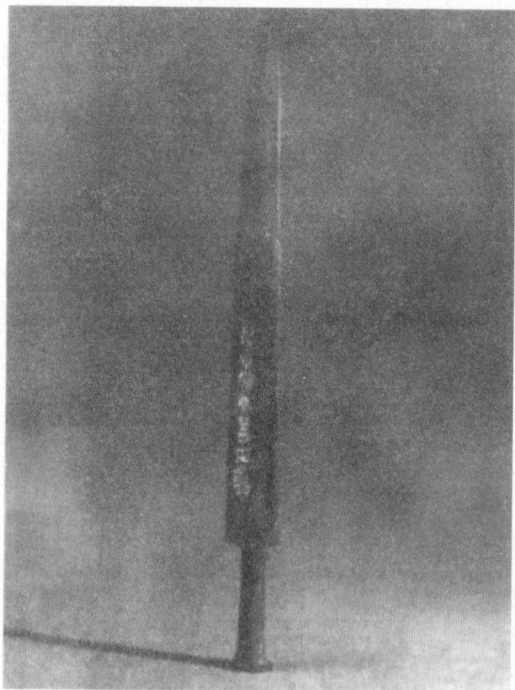

春秋王剑

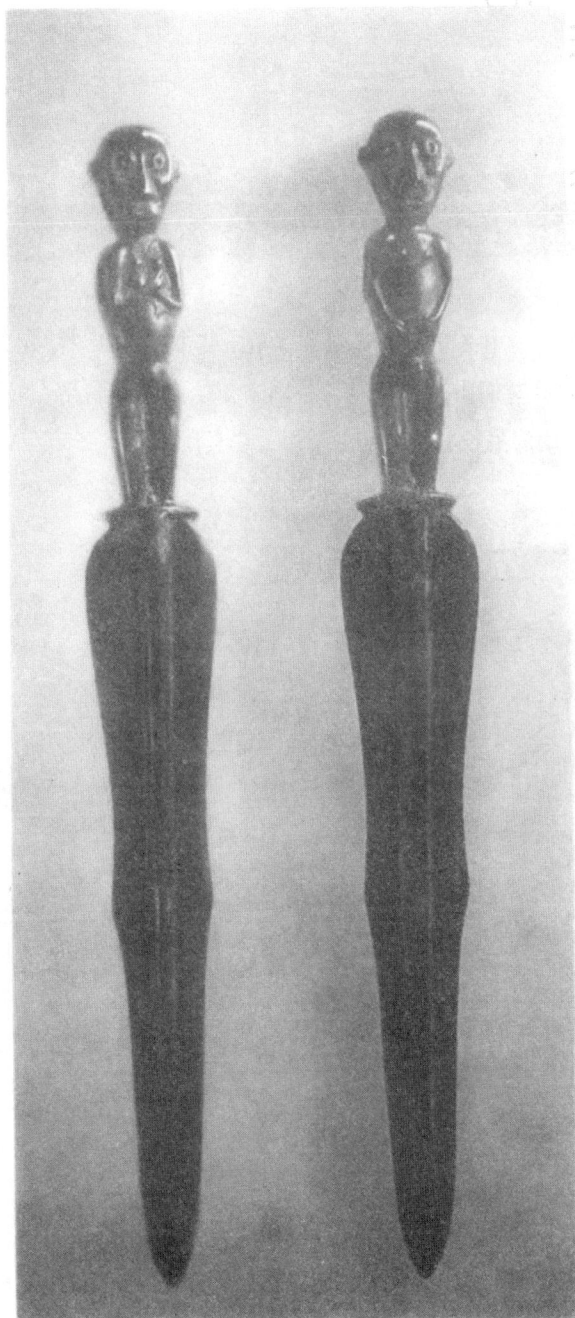

阴阳青铜短剑。
剑柄为人形，一面为
阳性，一面为阴性。

新式戟出现

　　戟是一种将戈的勾、啄和矛的直刺功能结合在一起的格斗兵器。由戟头和戟柄组成。戟头在商周时期由青铜铸制，战国末年始有钢铁制品。戟柄为竹木质，长度以车兵所用为最长，骑兵所用稍短，步兵所用最短。

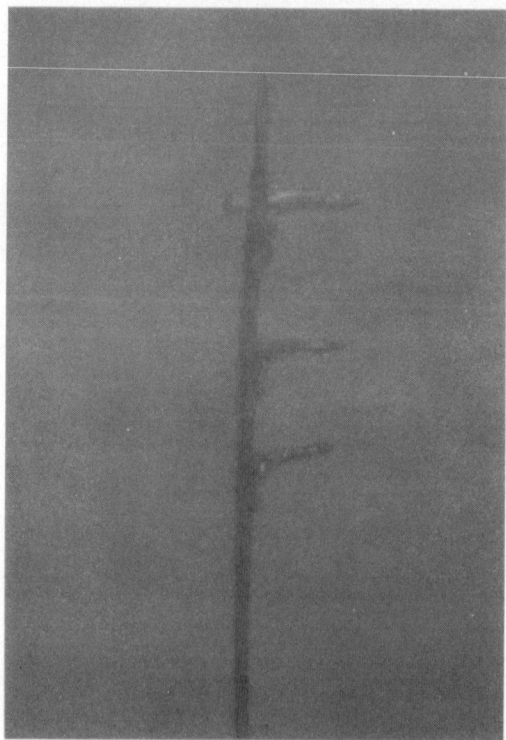

三戈戟。这种三戈一矛装在同一柄上的古代兵器十分罕见。湖北随县擂鼓墩出土，战国早期文物。

戟在商代还处于萌芽时期，西周时出现把啄头、弋头和矛头联体合铸而成的十字形青铜戟，但其实效果不佳，所以春秋战国时期又将弋头和矛头分铸，然后用柄联装在一起。这种联装戟在春秋战国大量使用，是"车之五兵"之一。春秋晚期步骑战兴起，联装戟又成为步、骑兵的利器。在长江流域的楚、吴、越等国还出现了在一根3米多长的柄上联装两个或三个弋头的新式戟，称为"多弋戟"，勾割功能良好，是重要的车战兵器。

玻璃工艺发展

　　中国发现最早的玻璃器始于春秋末、战国初。这个时期的玻璃数量少，品种单一，仅有套色的蜻蜓眼式玻璃珠和嵌在剑格上的小块玻璃。蜻蜓眼式玻璃珠是指在玻璃珠上粘附复色套环，因其似蜻蜓眼故名。这个时期的玻璃器集中出土于贵族大墓。河南固始侯古堆墓出土有3颗蜻蜓眼式玻璃珠，球状，直径约1厘米，中间穿孔，在绿色玻璃基体嵌入蓝、白两种色调的玻璃乳纹，是典型的钠钙玻璃。此外，河南辉县征集的吴王夫差剑，剑格上嵌有

　　琉璃珠。自左至右，分别高2.3厘米、1.8厘米、1.8厘米、1.7厘米。琉璃珠也称火齐珠，是中国玻璃的古名称，其成分中有铅和钡，色彩非常漂亮。

3块透明程度较高的玻璃块；湖北江陵望山墓出土的越王勾践剑，剑格上也嵌有蓝色玻璃，两把剑中的玻璃都不含铅钡。湖北随县擂鼓墩曾侯乙墓出土有73颗蜻蜓眼玻璃，球状，直径约1厘米，蓝色玻璃基体上嵌有白、棕等色花纹。

战国早期的玻璃器数量有所增加，仍以蜻蜓眼等小型珠饰为主。战国中晚期玻璃器的数量及品种增加，除了珠、管小型装饰品外，增添了璧、剑饰、印章等典型宫中式样的玻璃器，这个时期一般的士和庶民也可以用玻璃器随葬。此时期的玻璃珠多呈球状，少数作橄榄形或棱柱形，中穿小孔，体积一般略大于战国早期的珠子，珠径约1~2厘米，玻璃管多圆柱体，个别呈棱柱体，一般长2~4厘米。珠管周身饰以蜻蜓眼式的圆形物，其上往往有蓝白相间的圆圈纹，有的还有小白点相连组成的菱形纹饰。玻璃器从战国中期出现，延续到汉代。璧的形状都是圆形扁平体，中有一圆孔，璧的外径约7.9~14.1厘米。有绿、乳白、米、深绿等颜色。玻璃璧的纹饰简单，多为谷纹和云纹。玻璃剑饰分剑管、剑珥等。

战国中、晚期的玻璃珠、璧绝大多数属于铅钡玻璃。在19世纪之前，无

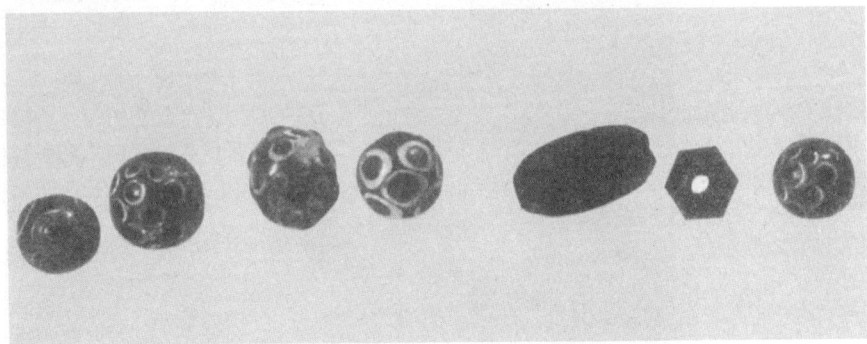

玻璃珠。此类玻璃珠在中国、东南亚、西亚、地中海东部沿岸多有发现，形制色彩也很接近，反映了这一时期玻璃制品的发展与交流。

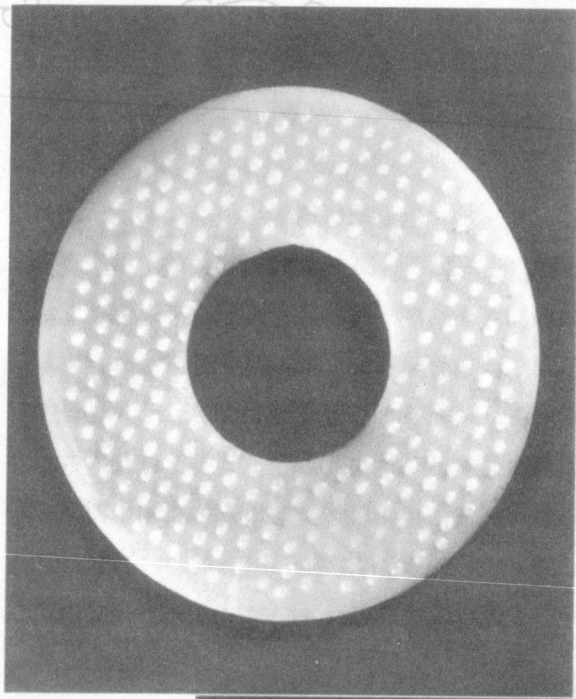

玻璃璧。玻璃璧呈米黄色，圆形扁平体，中有一圆孔，表面饰以谷纹。玻璃璧为仿玉制品，其形制、纹饰与战国时的玉璧相同。采用模铸法成形，制作规整，颜色鲜艳。

玻璃管

玻璃管

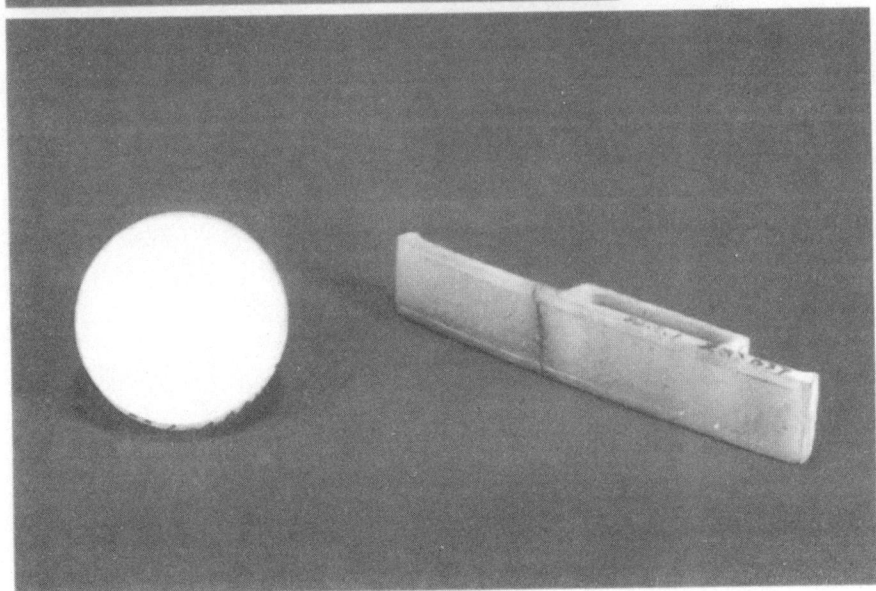

玻璃剑首、剑。

论是欧洲、北非，还是西亚的玻璃都不含有钡，因此含有氧化钡是战国至秦汉中国玻璃的显著特征。

学术界对战国初的玻璃制品存在着从西输入的说法，但对战国中、晚期的玻璃制品都是中国制品这一观点没有异议。

牺尊

　　山西浑源李峪村出土的青铜器数量甚多，其中有不少新颖的器形，以牺尊最为突出。

　　牺尊通体作牛形，是春秋晚期到战国早期器物。其颈、背、臂上有三穴，器盖已遗失，仅存一青铜锅，用以置酒，腹部用以注水，是一件温酒器。器

牺尊局部

的各部分均饰兽面纹，都出自一模的反复印制。牛的颈部和容器的口沿上浮雕牛、虎、豹等动物。尊体完全按实用设计而不求肖似。但牛颈却是写实的，牛的鼻子上还系有一环，说明中国驯牛已有很长的历史了。

本器的浮雕状纹是在蟠螭纹基础上发展而来，十分美观，其技法与山西侯马出土的晋国铸铜陶范相似。

浑源牺尊与兴平犀尊实际代表着春秋、战国时期工艺雕塑发展的两种趋向，前者向工艺美术发展，造型服从装饰，成为错彩镂金的战国工艺美术的杰出代表；而后者由工艺走向独立的雕塑，成为博大沉雄的秦汉雕塑的先声。

牺尊。此尊作牛形，背上有三穴，器盖均已遗失，仅存一青铜锅，用以置酒，腹部用以注水，是件温酒器。器的各部分均饰兽面纹，但都出自同一模的反复印制，牛的颈部和容器的口沿上浮雕牛、虎、豹等动物。尊体完全按实用设计而不求肖似。但牛颈却是写实的，牛的鼻子上还系有一环，说明中国驯牛已有很长的历史了。

蔡侯钟

春秋时期蔡侯之器物。安徽省寿县蔡侯墓出土。传世共 8 枚。铭文 12 行 82 字。最大者高 40.5 厘米，舞纵 17.5 厘米，舞横 22 厘米，鼓间 19.5 厘米，铣间 26 厘米。最小者高 28.5 厘米，舞纵 12.5 厘米，舞横 16 厘米，鼓间 15 厘米，铣间 19 厘米。

铭文是蔡昭侯自述其志的韵文。蔡昭侯说："我虽是浅薄少子，但我不敢废事以求安逸，恭敬之心不变，以辅佐楚王。安定平和地相处，称美得到的盛福。明察于心，和顺为德。望大夫们同心协力，兴我邦国，敬慎地施行政令，没有过失，没有差错。作此歌钟，使其发音永远美好，传之子孙用以奏乐。"

蔡侯钟

蔡侯钟制作精美，铭文音韵流畅，是春秋中晚期钟铭韵文中的佳作。

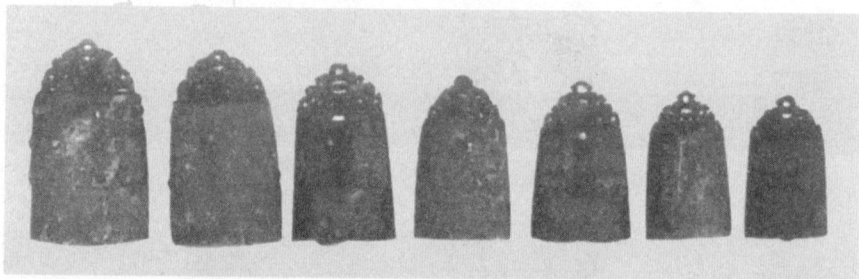

蔡侯钟，春秋后期乐器。共八枚，为一编。铭文说明蔡侯是被楚灭后重立的附庸之君。

传说邓析发明桔槔，桔槔是春秋时利用杠杆原理的汲水工具。

已知最早的辘轳出现

辘轳是古代的起重机械，属于绞车中的一种类型。辘轳在春秋战国时代已用于从竖井中提升铜矿石。1974年在湖北铜绿山春秋战国古铜矿遗址发掘中发现木制辘轳轴两根，其中一根全长250厘米，直径26厘米，经判定为用于提升铜矿石的起重辘轳的残件。这是已知最早的辘轳。

采矿用辘轳复原图

辘轳的运用

战国青铜工具普及生活各方面

战国禽兽纹镜

春秋战国时代，因礼乐崩溃，使王室之器衰退，诸侯之器兴起，日用器也发达起来。尤其是春秋晚期以来，随着经济生产发展，青铜工具开始增多。此时整个青铜器物的形制打破了商、西周时的呆板、厚重、千篇一律的局面，而代之以轻便、新颖的造型，种类也增多起来。由于经济发展，战争频繁，铸钱业、铸镜业、铜剑等兵器铸造业遂成了青铜业的重要生产部门。并出现了层叠铸造、失蜡法铸造和金属型铸造，使青铜器进一步满足了社会的各种需要；锻打、钎焊、镂刻、镶嵌、鎏金银，以及淬火回火技术，都得到了较大发展。青铜工具就是在这种环境下数量大大增加。春秋时期开始，青铜农具比较大量地生产和使用，手工业工具、多用途工具，因手工业的发展逐渐增多，而且品种繁多。到了战国晚期，青铜礼器已经很少被制造了，其主导地位已被青铜工具所代替。

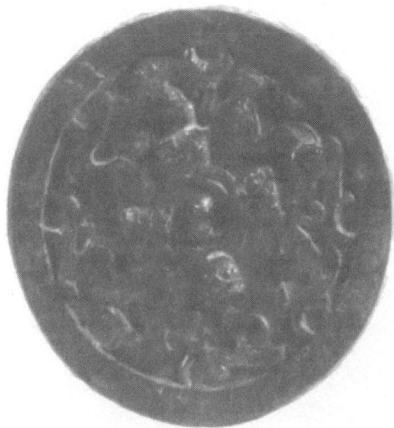

战国四虎镜

战国镶嵌金银虎子。生活用具。

战国前期人形足器座

　　战国奉匜炉。取暖用具。器呈长方形，口略大于底，直壁，平底，四蹄足。器两端附环链，四足上方口沿处附有突起的垂直插眼。腹壁饰菱纹。

战国镶嵌虎噬鹿屏风插座。虎背的前部和后部各有一长方銎，銎内有木榫。通体错金银。是战国时期写实造型艺术中的杰作。

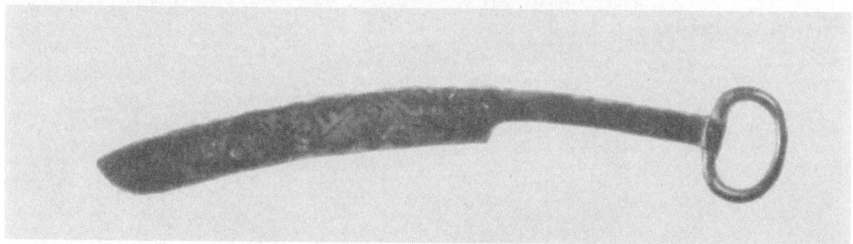

战国云纹削刀。文书用具。刀身微弧，窄把，尾端有椭圆形圆钮。刃部锋利，脊背厚实。刀身饰云纹。小巧精美。

战国漆绘人形灯。人物踞坐，偏髻，有簪，束冠。两手捧持叉形灯柱，柱顶有环形灯盘。

子禾子釜

战国时代齐康公时的铜量器。1857年山东胶县灵山卫古城出土。铭文10行约91字，末行未铸清。此器高38.6厘米，口径22.35厘米，底径19厘米。容量为20460毫升。

铭文大意是：子禾子与内者奉命

战国令狐君嗣子壶。容酒器。颈部有铭文五十字，内容为令狐氏之嗣子铸壶之颂词。令狐在今山西临猗西南，战国时属韩国。

往告陈旻，官方仓廪之釜应作为左关釜的量值标准。关钟以廪籵作为标准。关人不执行此命，则根据其事之轻重施以刑罚，或用15斤青铜来赎罪。

子禾子即前386年代姜齐自立的田齐的始祖田和，这是他尚未自立时所作的器物，记录了他在齐康公时任职所做的一件事，是关于他的生平的重要文物，也为了解齐国各种制度提供了第一手资料。

彩绘漆瑟

战国早期彩绘出行图漆器残片。此残片为木质，髹黑漆，其上用朱漆绘精致的车马人物出行图案。

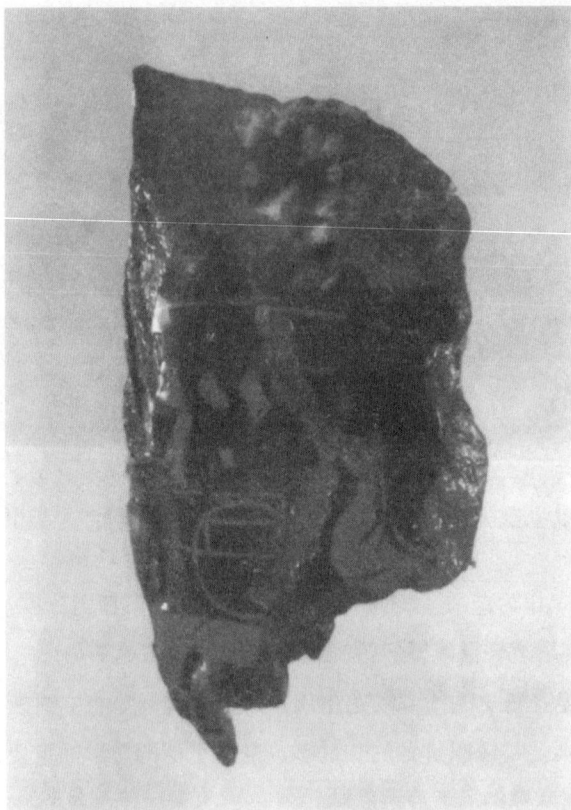

彩绘漆瑟是河南信阳市长台关一号楚墓出土的珍贵漆器，已残，残片长15厘米、宽12厘米、厚2.2厘米。该残片为瑟首的一部分，髹黑漆，上彩绘狩猎图案。从残片画面可见，一猎者居中，头戴黄色高顶帽子，裸胸，银灰色的下衣着地，右手张弓，左手拉弦，正欲射前面一鸟首、细腰、长腿的怪物。猎者周围，有互相厮杀的龙蛇和两犬逐鹿、肩抬死兽、缭绕的云气等景象。其画工细入微芒，然其用笔却一挥而就，真可谓臻于"意存笔先，画尽意在"之境，艺术价值之高，令人叹为观止。彩绘漆瑟展现了战国早期楚人的生活场面，也反映了战国时期卓越的绘画水平。瑟本身是现存最早的实物，体现了当时乐器的发达水平。

战国早期彩绘木雕蟠蛇漆卮。此卮为厚木胎，圆筒形，子口承盖，盖顶略凸平底。盖上雕八条蟠蛇，四条红蛇头向盖顶正中，四条黄蛇头向盖缘四周。卮身四周雕十二条蟠蛇。器表满髹黑漆，器内髹朱漆。蛇的头、身和鳞片以朱、黄漆绘出。

　　战国早期彩绘射猎图漆瑟残片。此残片为瑟首的一部分，髹黑漆，其上彩绘射猎图案，从残存的画面可见，一猎者居中，头戴黄色高顶帽子，裸胸，银灰色的下衣着地。他右手持弓，左手张弦，欲射前面一鸟首、细腰、长腿的怪物。在猎者的周围还有鹿、龙、云气等。这幅漆画既反映出楚国画工熟练的彩绘技巧，也是战国早期楚人生活的生动写照。

楚国漆画成就辉煌

战国时期，漆画艺术比以前有了更大的发展。商周时期的漆器主要表现形式为红地黑花的图案纹饰，较为简单，而春秋战国时期的乐器、棺椁以及奁（樽）、盘、青铜镜等日用器物上的漆画，则以其绚丽的色彩表现令人耳目一新。楚地漆绘如随县曾侯乙墓和湖北荆门包山战国楚墓的漆器是为代表。

曾侯乙墓的漆绘作品主要存于棺、衣箱、鸳鸯盒与皮甲上。棺内壁髹朱漆，外壁髹墨漆，其上再髹红漆，然后于红漆上用黑、金等色绘出繁密的龙、蛇、鸟、神人等花纹。出现于棺上的龙、蛇、鸟、鹿、凤、鱼等动物一共895个，皆为人与鸟、兽特征综合了的形象，有的手中操蛇，有的一人三首，其中有些形象可与《山海经》记述的图像相印证。这些图像线条流畅，加之丰富的穿插变化，令人叹为观止。

包山楚墓所出彩绘漆奁的盖壁上绘有《聘礼行迎图》，表现的是先秦时期贵族之间重要的礼仪活动。漆奁盖外壁周长87.4厘米，高5.2厘米。画面以柳树为间隔，将出行与迎宾双方的活动间隔为5个段落。出现于画面的有

战国中期漆画《聘礼行迎图》局部。湖北十里铺楚墓出土。该画绘在一个直径28厘米的漆奁上，是目前中国年代最古老、保存最完好的漆画。

各种不同社会身份的人物共 26 人，车 4 辆，马 10 匹，穿插于人物活动之间的还有飞鸟、黄犬、豕等。从其绘画表现技巧看，比之春秋、战国之交的一些青铜器上的画面有了很大进步。画家已比较自如地表现正立、背立、奔走、匍伏等各种动作，和相互之间唔面时的动态，从而以此明晰地表明其中不同人物之间的关系。马匹嘶鸣，柳树迎风，长空雁过，又增强画面的环境气氛。漆奁的用色为内红外黑，《聘礼行迎图》是在黑色的漆地上，以桔红、海蓝、土黄、棕褐、云日等色彩绘制而成。《聘礼行迎图》在构形、着色和格局营造上都表现出了成熟的手法，可以说是战国时代中国绘画的最高典范。显然，战国时代的漆绘艺术已表现出通晓色彩配置规律的高度技巧，并取得了辉煌成就。

战国中期漆画《聘礼行迎图》局部

吴越青铜器

　　春秋战国时期长江下游吴、越两国的青铜器，因有相当多共同点，故统称吴越青铜器。主要出土于江苏南部、浙江北部和安徽东部一带。吴越青铜器可分为中原系统和本地系统两大系。属于中原系统的器物如鼎、簋、尊、卣、盘等，造型带有本地特色，与中原地区的器形又不尽相同。其中鼎主要是撇足鼎，

战国蟠首盉。器身呈扁圆形，盉嘴为立体的龙首，角型极为复杂。全器以蟠螭为主的装饰雕塑，表现出生动细巧的风格，是反映越国青铜文化的重要实物例证。

通称越式鼎。簋则为浅腹扁体，双耳或做出繁复的镂空花脊，耳下或垂尖勾状小珥。尊多为侈口、短颈、扁圆鼓腹。在中原地区，西周中期以后，尊已消失，但在吴越及其以南的地区，尊却长期存在。卣体则较粗短，盘的双耳与口沿平齐，离器壁很近，有的甚至紧贴器壁。本地系统的青铜器，形制独

　　战国前期鸟柱房屋模型。明器。平面呈长方形，明间略宽于次间，两次间等宽。屋前
敞开，立有圆明柱两根。左右两壁透空，后壁中央开有小窗。浙江绍兴狮子山出土。

战国前期鸟柱房屋模型局部

特，如江苏丹徒烟墩山出土的角状器。大港母子墩出土的飞鸟盖双耳壶、鸭形尊，武进淹城出土的三轮盘，镇江出土的瓠形镎于等，在吴越地区以外很少见。吴越青铜器上的纹饰如变形兽面纹、编织纹、锥刺纹、纠结草叶纹等，亦不见于中原地区。

战国木俑

战国持剑木俑。表现一名着战袍、持剑的武士。躯体系一整木雕成。双臂另雕成后装配。左手握剑柄，右手握剑鞘，身体微向前倾，双膝略现弯曲，表现出战士的临阵状态。雕刻手法简略、粗犷，而颇能传神。

战国时代的俑塑中，木俑是很重要的一类。木俑的代表作有漆绘木俑、彩绘木雕女俑和持剑木俑等。漆绘木俑先以木块雕出人体大形，然后着色、彩绘。此俑面相浑圆，溜肩，双手拢于胸前。俑体涂黑漆，面部与于涂红，眉、目以黑线勾出。衣着交领右衽，宽袖，袖口略束，饰菱纹边。胸、腹部绘成珠、璜、彩结、彩环等成组饰物。珠、璜白色，彩结红色，绳纽澄黄色。后背腰间束红、黄相间之三角纹锦带。衣襟间露出鲜艳内衣。彩绘木雕女俑以长木条削成。形体简括，仅具人体大形和简单的结构关系。面貌、服饰皆为彩绘。鬐发整齐，削肩袖手，长袍右衽，秀眉朱唇。宽领缘，绕襟旋转而下，衣上绘黑红色云纹与小簇花。持剑木俑系一整木雕成，表现一名着战袍、持长剑的武士。双臂另配，右掌已残。头部浅雕五官，眉弓长而刚健，眼角上挑，左手握剑柄，右手握剑鞘，身体向前微倾，双膝略屈。此俑雕刻手法简洁、粗犷，生动地表现了临阵武士的形象。

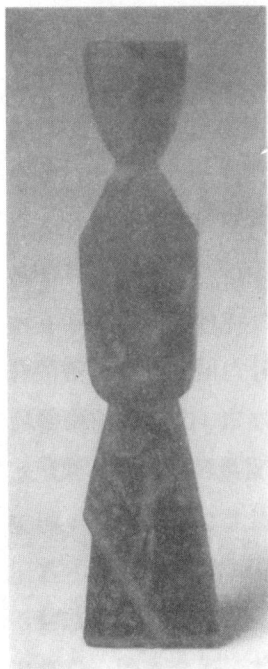

战国彩绘木雕女俑。

战国玉人。

最高贵的丝绸品种——织锦成为商品

西周时期，随着养蚕、缫丝、染织技术的进步，一种绚丽华美的提花织物——锦诞生了。中国商代出现了素色的提花纹绮，战国时出现了双色纹绮，绮的花纹都是利用经纬组织的变化而显现出来的。锦则是用两种以上的彩色丝线提花的多重织物，既利用经纬组织的变化，又利用经纬色彩的变化来呈现花纹，这在织物品种设计史上是一个重大的突破。辽宁、山东、陕西等地周代的墓葬中都发现过锦。1976年在山东临淄郎家庄一号东周墓发现精细的经锦残片，经密每厘米112根，纬密每厘米32根，是经二重组织的经锦。纬丝正反面都和经丝成三上一下交织；一组为夹纬，作为花纹轮廓处调换表里层经丝，使花纹轮廓分明，并分隔纹经与夹经，又使它们联结一体，适合实用。这种正反对应、厚度适中的组织设计，对现代大提花复杂组织的设计，仍有一定的参考价值。珍贵华丽的织绵一经问世，立即被当时的奴隶主阶级视为珍宝，他们用锦作为诸侯国君之间礼聘交往的礼物。锦在当时既用来制作衣裳，也用来制作被面，而在穿锦衣锦裳的时候，还用麻衣麻裳来保护，说明锦是很高贵的商品。

战国对龙对凤纹经锦。地色深棕，龙凤纹浅棕色，彩条经朱红色。这件经锦表明我国在战国时期已经运用了经线分区牵彩条的方法，并已能够织造形象轮廓比较复杂的纹样。

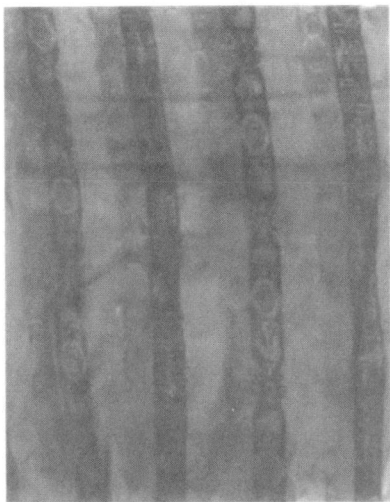

战国凤鸟兔几何纹锦。经线提花锦，经线为灰黄、朱红、深棕、红棕四色，纬线为深棕色。

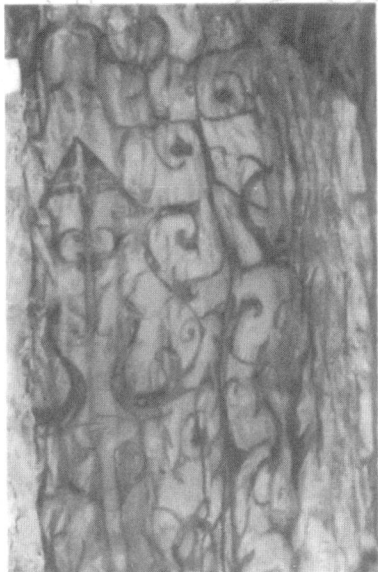

战国龙凤纹锦

战国十字菱形纹锦。经线提花锦，经线为土黄、深棕两色，纬线为棕、朱红两色。

战国大菱形纹锦。经线提花锦，经线为深棕、深红、土黄三色，纬线为深棕色。

战国褐地红黄色几何纹经锦。由褐、红、黄三色经线显花，花纹根据菱形重合连接，或整或破，大小相错组合而成，变化莫测。为三色双重经锦组织的经锦。经密每厘米69对，纬密20对。经丝粗直径0.26毫米，纬丝粗直径0.2毫米。

战国时期的织锦更加发达，出现了各种类型。

几何骨格填充各种人物、动物、几何形体的组合型纹样。龙凤是突变的象征，麒麟是圣人的象征，燕子古称玄鸟，为商代祖先之神，走兽中虎是威德的象征，这些纹样反映了战国时代贵族阶层的思想意识。装饰纹样的美学观念包含着时代的精神崇尚和理想追求。

散点式排列的小型几何纹。这种散点式小几何花纹，疏朗活泼，服用适应性很强，故流行时间也较长。

几何组合纹。在几何骨格内再以其他几何纹样填补充实，使之增加层次起伏。战国时的几何纹常用菱形组合成漆耳杯状的形式，称为"杯纹"，寓意生活丰裕。

同时因几何形可以无限地向四方扩展延续，故又称长命纹，寓意"长寿"。这种把抽象的几何纹样赋予吉祥含意的传统，一直为后世所继承，成为中国民族装饰艺术的一个特点。

织锦在战国时代广泛出现于日用品中，丰富了中国人的衣着和居住方式。

江陵楚国漆器

　　漆工艺兴盛于春秋战国时代，而这时期的漆器，无论就数量还是就工艺水平和艺术价值而论，都以楚国漆器为最，这主要是由于楚国采用了有利于保存漆器的以白膏泥密封木结构墓室的墓葬方法。

　　湖北江陵是春秋战国时期楚围首都所在地，每多王公大族之墓。江陵楚墓主要由望山楚墓群、雨台山楚墓群、拍马山楚墓群、李家台楚墓、天星观

　　战国彩绘龙凤纹漆内棺。此棺为木胎，呈长方形盒状，内髹红漆，其外则以黑漆为地，用红、黄、金三色漆彩绘龙凤纹。盖面及两边墙板外的主体部分绘六单元龙凤图案，每单元绘四龙四凤。龙为一首双身，凤则展翅卷尾压于龙上。整体图案为四方连续结构。全棺构图严谨，线条流畅，彩绘既富丽堂皇，又壮严肃穆。

楚墓、包山楚墓以及太晖观、溪峨山和藤店等地楚墓组成，时代从春秋早期
到战国晚期不等。这些楚墓出土了种类繁多、数量巨大的漆器，计有镇墓兽、
棺、瑟、案、圆盒、酒具篮、酒注、耳杯、盘、俎、豆、勺、工具箱、伞、
盖、弓、剑、盾、梳、奁、竹席等几十个品种共上千件，足以代表楚国漆器
的风貌。

作为富有浪漫特色的楚风的表现形式之一，楚国漆器大多色彩明丽，装
饰华美，图案生动。这些器物外表几乎全部髹黑漆或黑褐色漆，内壁则往往
髹朱漆，也有小部分内外皆髹黑漆者。图案装饰注重色彩的对比，多采用红
黑相间的方式，以追求对比鲜明产生的美感。总的来说，楚国漆器外观色调
古雅、光泽鲜亮，纹饰质朴简洁、飘逸奔放，质地轻且精巧、薄而坚牢，体
现出了制作者非凡的巧思和熟练的技艺。楚国漆器的数量多，应用广，制作
形式也比较复杂。如果从胎体的质地划分，就有木、竹、夹苎、金属、皮革、

战国彩绘漆盒。此盒为厚木胎。盖、身以子母口扣合。盖较矮，口略大于底，盖顶正中有
一套环鼻形铜钮，矮圈足。器表描绘花纹的部位髹黑漆，无纹饰的部位髹朱漆。器内髹朱漆。

重要特征。由于采取了按几何骨格对位布局、同位对称与移位对称并用等方法，因而纹样既有严格的数序规律，又有灵巧的穿插变化。战国刺绣的色彩，每一花样一般只配三色到五色，在色相上多数采取暖色基调的缓和对比或邻近调和，在色彩明度上则拉开层次，故富丽缤纷又和谐统一。

　　战国时期刺绣纹样的题材，具有一定的象征含意。当时最为流行的龙凤，既象征宫廷昌隆，又象征婚姻美满。鹤与鹿都与神仙长寿的神话有关，象征长寿。翟鸟是后妃身份的标志。鸱鸺（猫头鹰）则象征胜利之神。

　　中国刺绣工艺源远流长，在战国时就已经绚丽多姿，十分成熟。

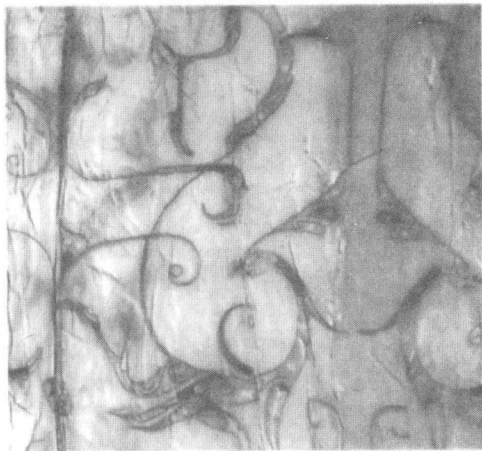

战国对凤对龙纹绣浅黄绢面衾（部分）

凤鸟花卉纹绣

战国铜塑

战国时代的青铜艺术在造像上有了突飞猛进的发展，使中国雕塑艺术迅速发展。战国时期，由于青铜工艺的分铸、焊接等技术的进步，失蜡法的应用，和错金、银、铜与镶嵌技术的风行，使铜塑有条件追求华美奇巧，出现了许多生动、充满活力的艺术作品。人物铜塑，主要是用以连接承受器物的人形器座，如洛阳金村出土的几件青铜人形器座，突破呆板，表现出人物活动的瞬间表情。湖北曾侯乙墓的6个钟虡铜人是战国人物铜塑的代表作，

战国龟鱼蟠螭纹方盘。为战国青铜器艺术的代表性作品。

战国铜马。雄马，仰首端立，竖耳鼓目，鼻孔张大，好像经过强烈活动后停下来正在喘息。

其武士装束表现得肃穆、刚毅、有力。战国时动物铜塑也达到很高的艺术水平，其代表作有陕西兴平出土的犀尊、江苏涟水出土的卧鹿、河北中山国墓出土的虎噬鹿器座等。犀尊躯体结构准确，充分表现出巨大体量的动物在静止时的内涵力量。卧鹿据考应是青铜镜架，镜悬于鹿角上。但其造型的完整性完全可以作为独立的雕塑作品看。它很好地表现了在静卧中仍然保持警觉的鹿的神态。虎噬鹿器座表现一头猛虎衔住小鹿向前奔驰，有力地表现了兽类在激烈搏斗中迸发出的冲击力量。这些作品反映了作者对于客观对象的敏锐观察与高超的表现技巧。

战国铜女孩像。女孩梳双辫，面相丰满。长衣及膝，衣下小裙作襞褶。颈饰贝纹，腰带间佩削及杂饰。双手平举，分持二套筒，头微仰，表情专注。

战国铜人。铜人面部造型丰满，修目阔鼻，口微张，高颧骨，发从前额上分左右向后梳。此像为研究战国时期燕国服饰、制度和铸造工艺提供了重要资料。

楚国座屏

楚国座屏最具代表性者有二,一是战国中期的彩绘透雕漆座屏,一是战国晚期的彩绘透雕四龙漆座屏。彩绘透雕漆座屏 1965 年于湖北江陵望山一号墓出土,木质,高 15 厘米、宽 51.8 厘米、厚 3 厘米。座屏由一扁平的底座和长方形的屏面构成,屏座两端着地,中部悬空。屏面竖嵌屏座之上,镂空透雕多种形态各异的动物。屏面雕刻有凤、鸾、鹿各 4 只,蛇 17 条;屏座雕刻有大蛇 20 条,青蛙 2 只,共计动物 51 个。座屏布局谨严,巧妙地利用座屏上、下之部位,使鸾居高临下,似空中向下俯冲,姿态矫健,而蛇在下蜷缩一团。表现了鸟蛇搏斗、鸟胜蛇败的景象。各种动物均以黑漆为地,饰以朱红、灰绿、金银等漆的彩绘。彩绘透雕四龙漆座屏为江陵天星观一号楚墓出土,木

战国四虎足器座。此件为一器座,四足均作虎形。莲心有镂空透雕的四蟠,莲瓣共八枚,排列匀称,上饰云纹。

质，长 48.8 厘米，高 12.8 厘米。座屏为长方形，下有凸座，屏的左右各有两条透雕的龙，两龙相背。龙作瞪目、吐舌、屈身、蜷爪状。通体髹黑漆，里用红、黄、金三色漆彩绘。屏座上有阴刻卷云纹，屏框及屏中隔木饰三角形卷云纹，龙身满绘条纹，整个造型古朴自然。

战国彩绘透雕四龙漆座屏。湖北省江陵县天星观一号楚基出土。座屏为木胎、长方形，下有凸形座。屏的左右各有两条透雕的龙，两两相背。龙作瞪目、吐舌、屈身、蜷爪状。通体髹黑漆，用红、黄、金色漆彩绘。屏座上有阴刻卷云纹，屏框及屏中隔木饰三角形卷云纹，龙身满绘条纹。

彩漆木雕小座屏。湖北省江陵望山一号战国楚基出土。小屏风胎木质，通高 15 厘米，长 51.8 厘米。框内框上镂刻凤、雀、蛙、鹿、蛇、蟒等动物形象 50 多个。为战国漆器中的精品。

战国金银器皿

　　战国时代，金银器皿制造工艺发展迅速，金银日用品和装饰品成为贵族和上层社会生活的重要组成部分。中原地区的金银皿，主要发现于洛阳金村周墓。这里是战国末期周王及其附属臣属的墓葬。出土的金银器皿包括银杯三件，银盒三件，银铫二件，银匜一件。在长江流域，则以湖北随县曾侯乙墓出土的黄金器皿为代表，包括金盏（碗）、金匕、金杯各一件，金器盖二件。

　　曾侯乙墓出土的金盏高 10.7 厘米，口径 15.1 厘米，重达 2150 克，是目

　　战国金盏、金勺。盏、勺均铸造而成。勺端镂空云纹。盏盖为方唇、折沿，圆顶上附以环式提手。盏身为直口、浅腹、圆底。腹外有两个对称的环状耳，底部有三个倒置状的凤形足。盖及盏腹铸有精细的蟠螭纹和云纹，此盏为曾侯乙墓出土金器中之精品，也是现知先秦时期金器中最大最重的一件容器类制品，代表了这一时期贵金属工艺的成就与特点。

战国银虎。虎体浑圆，中空，颈粗短，臀部高起，四肢粗壮有力。在注立的静体之中，隐含着凶暴的野性和准备奔跑的动态。双肩及前肢饰凸条斜纹，鼻部及尾各有一道凸楞纹。为匈奴族文物。

战国楚王银匜。在匜流下面腹部刻有"楚王室客为之"六字，匜的外部底上刻有"室客十"三字，笔画极为纤细秀丽。

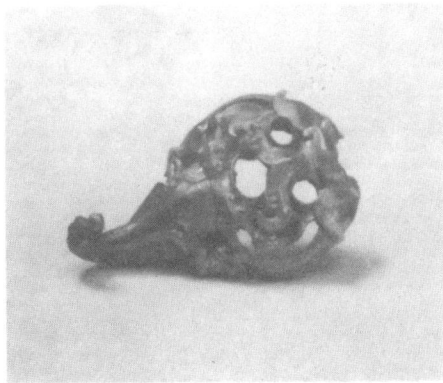

战国交龙金带钩。此带钩用铸造、透雕和剔刻等技法制作而成。钩端为一兽头，钩柄阴刻两条夔龙，钩身透雕成兽面形，原嵌有黑色料珠。

前已知的先秦金器中最大最重的。盏身为直口、浅腹、圆底，腹外有两个对称的环耳，底部有三个倒置状的凤形足。盏盖圆顶中心有一圆形提手，盖沿有三个等距离的外卡，与碗口正好扣合。盏身、盏盖面铸有精细的蟠螭纹和云纹。此盏为曾侯乙墓出土金器中之精品，代表这一时期贵金属工艺的成就。

金匕匕身为圆形，镂孔作变异龙纹状，方柄，素面，通长 13 厘米，重为 56.4 克。金杯为方唇敞口，束腰平底，腹上部有两个对称环耳，带盖，通体素面。杯高 10.65 厘米，口径 8.1 厘米，重 789.9 克。金器盖二件，未见器身，一大一小，圆拱形，盖面以麻点纹为地纹，饰数周花纹。大盖通高 2.5 厘米，直径 9.5 厘米，重 372.65 克。小盖通高 2.2 厘米，直径 7.5 米，重 157.35 克。

同时期还有出土于安徽寿县的楚王银匜，银匜高 4.9 厘米，口径 12.5 至 11.8 厘米，重 100 克。银匜体呈瓢形，无足，通体光素，在匜流下腹部刻有"楚王室客为之"六字，匜的外部底上刻有"室客"二字，笔画极为纤细秀丽。银匜是招待宾客宴饮时的酒器。